KB003161

잘 팔리는
카피라이팅

초판 1쇄 발행 2020년 8월 10일
2쇄 발행 2021년 6월 18일

지은이 김태영
펴낸이 김기록
펴낸곳 AppBooks(앱북스)

출판등록번호 제2010-24
주소 서울 금천구 가산동 371-28 우림라이온스밸리 A-1401
대표전화 02-6903-9519
팩스 02-2026-5081
홈페이지 www.appbooks.net
이메일 help@appbooks.net

ISBN 979-11-85618-27-2

가격 15,800원

잘 팔리는
카피라이팅

김태영 지음

앱북스

← 머리말 ≪

이커머스 업계에 발을 들인지 17년이 넘어간다. 강의를 시작한지는 10여년이 되었다. 그동안 셀수 없이 많은 소상공인과 기업의 실무자들을 만나왔다. 그들로부터 항상 들었던 고충은 실무를 하면서 느끼는 괴리감이었다. 전자상거래가 사실 신경써야할 부분도 많을 뿐만 아니라 시장조사도 끊임없이 하고, 그에 따른 고민도 많을 수밖에 없는데 보이는 면만 보고 업무성과가 저평가 되어 억울하다는 입장이었다. 그리고 본인 역시 쉬운 줄 알고 시작했다가 결코 그렇지 않다는 것을 깨닫고 이 업을 시작한 것을 후회한다는 말도 많이 들어왔다.

소상공인이든 기업의 실무자든 '시장개척'이라는 전쟁터에서 어떻게든 살아 남아야 하고, 이런 분들을 볼 때마다 당장 실무에 도움이 되는 정보를 전해주고 싶었다. 멋있고 폼나는 마케팅은 비록 아니더라도 '하나라도 더 팔기 위해 이런 것까지 해야 한다'는 마인드와 실무에 바로 활용 가능한 쇼핑 스토리텔링의 포인트를 알려주고 싶었다.

이 책은 요리 레벨로 비유하면 정통 궁중 한정식을 가정 간편식으로 바꾼 정도라 할 수 있다. 대학에서 가르치는 이론과 거시적인 주제는 되도록 거리를 두고 곧바로 뚝딱 요리 하나 만들어 낼 수 있는 가이드라인에 집중했다. 따라서 실무역량이 가득한 분께는 감히 이 책을 권할 수 없다.

이 책을 발판 삼아 실무의 우선순위와 방향성을 잡는데 도움이 되었다면 그저 감사할 뿐이다. 그 다음의 단계는 각계 전문가 분들이 잘 이끌어 주실 것이라 믿는다. 끝으로 한 마디만 덧붙이고 싶다. 항상 나를 괴롭히던 내 안의 생각이다.

'쉬워 보이는게 짜증나게 어렵다'

차 례

01

66

어떻게 말해야 할까?

99

우리는 '결정의 한 마디'를 듣거나 말해야 할 때가 많다. 상대에게 설득당할 때 그렇고 내가 상대를 설득해야 할 때가 그렇다. 사실 '결정의 한 마디'는 상대의 정보가 많으면 쉽게 만들 수 있다. 다만, 그 정보를 얻기가 쉽지 않아 문제다. 썸을 타고 있는 커플과 만난지 1년이 넘은 커플과의 차이라고 할까. 초반 상대방 정보가 많지 않아 어떤 행동과 말을 할지 모르는 답답한 상황과 같다. 한편 썸타는 단계는 그나마 호감이라도 어느 정도 있어 다행이다. 만약 한 번도 만난 적이 없어 비호의 관계 형성도 안 된 사람을 설득하려 할 때, 우린 어떤 '결정의 한 마디'를 던져야 할까? 다음 카피는 어느 광고에서 따온 일부다.

어떤 종류의 광고일까? 강의를 들었던 수강생들의 답은 크게 아래와 같았다.

1. 건강기능식품 등의 영양제

2. 몸이 아플 때 먹는 약

3. 은행적금

4. 보험

5. 박카스

1번과 2번이 정답이라고 말한 분들은 '어려울 때'라는 부분이 몸이 너무 아픈 상황이거나 병을 대비해야 하는 노년기로 추론 되었다고 하였다. 그리고 아프다고 직접적으로 표현하는 것보다 은유법으로 표현한 것이 더 유(柔)한 늬앙스로 느껴진다 덧붙였다. 반면 3번과 4번은 '어려울 때'가 재무적으로 힘든 상황이라 추론하신 분들의 대답이었다. 그런데 두 번째 줄의 '진심'에서 다소 혼동이 온다고 했다. 5번의 답은 상당히 의외라는 생각이 들었을 것이다. 이는 한 때 '나를 챙기다'라는 콘셉트의 박카스 광고를 생각해 보면 논리가 맞는다.

정답은 무엇일까?

진심을품은종신보험

정답은 4번이다. 보험의 이름만으로 내보이고자 하는 구성이 무엇인지를 전달하려 한다. 그럼 앞서 보았던 카피와 조합해 보자.

보험광고로 인식을 하면 광고의 카피가 비교적 빠르게 이해되기 시작한다. '진심'의 의도가 명확하지 않다고 생각했던 분들이 상품명을 듣고 보험의 혜택 구성에 신중을 기했다 느꼈다면 보험회사는 성공한 셈이다. 한편 여기서 상품명만으로 전체 문구의 맥락이 이해 되었다면 '어떻게 말해야 할까'보다 선행되어진 작업이 있었다는 의미로, 이것이 우리가 이제부터 배워나가야 할 부분이다.

02

"

누구에게 말해야 할까?

"

1

사회적 인식을 위한 대중광고

앞서 보았던 종신보험 광고는 신문에 실렸던 광고다. 신문에는 많은 종류의 광고가 실린다. 광고주 입장에서는 되도록 많은 소비자가 광고를 보고 광고 대상에 관심을 가져주길 바란다. 하지만 소비자에게 신문에 있는 광고는 대개 무의미하다. 눈이 가는 광고가 있다면 그것은 평소 자신이 관심을 가졌던 분야에 대한 정보이거나 단순한 호기심에 의한 일시적 현상이다. 여기서 더 최악의 경우는 모두가 보지만 아무도 기억 못하는 광고일 것이다.

광고를 싣기 전 광고주는 광고의 노선을 정확하게 잡아야 한다. 지금 이 광고는 매출을 위한 것인지 아님 인식개선을 위한 것인지 말이다.

SK가 추구하는
사회적 가치는

합

: 기업 기관, 개인의 마음을 하나로 합하여
끼니를 걱정하는 아이들에게 합!하고 힘찬 기합을 불어넣어줄
<행복상자 캠페인>의 파이팅을 뜻함

　지금 보고 있는 광고는 SK 그룹에서 진행한 브랜드 광고 중 하나다. 이 광고를 보고 당장 SK 주유소에 가서 자동차 기름을 채우거나 스마트폰 통신사를 바꾸거나 하지는 않는다. 다만, SK 그룹이 여러 세대가 공유하는 가치를 추구하고 있음을 알려 소비자 인식의 변화를 꾀한 것이다.

　이해를 위해 조금 더 살펴보자.

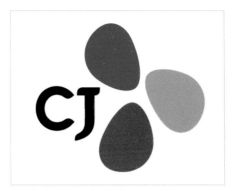

　로고에서 보듯 요즘은 영문자가 더 친숙한 그룹 CJ다. 강의를 할 때 의외로 CJ가 제일제당에서 딴 이니셜이라는 걸 모르는 분들이 꽤 많다. 이는 CJ 그룹이 브랜드의 사회적 인식개선을 위해 부단히 노력한 결과다.

　제일제당은 말 그대로 설탕 판매를 주력으로 시작한 브랜드다. 이후 밀가루, 조미료 등으로 확장을 하였고 오너의 세대교체가 있은 후 가공식품, 푸드시스템, 홈쇼핑, 택배 등의 유통물류부터 극장, 방송 등 문화영역으로 성공적인 사세확장을 하였다. 그런데 그룹명이 여전히 '제일제당'이라면 소비자 반응은 어떨까?

깨끗한 생활

제 일 제 당

이 제일제당 로고는 빨래세제 '비트' 광고에 삽입되었던 것이다. 제일제당을 설탕 판매업체로 알고 있는 사람들은 빨래세제에 로고가 붙어있던 상황이 아니었다면 '설탕'과 '깨끗한 생활'이 어떤 연관이 있는지 이해하기 쉽지 않다. 오히려 이는 나중에 브랜드 정체성 오류를 해소하기 위한 비용이 더 들게 된다. 그래서 사회적 인식을 바꿔야 할 때 매출만큼 고려하는 광고가 브랜드 광고다.

2012년에 CJ 그룹이 내세운 브랜드 캠페인 '문화를 만듭니다'. 당시 CJ가 한류 등을 그룹비전에 담겠다고 했을 때 선뜻 이해하는 대중의 수는 많지 않았다. 그러나 지금의 CJ에 대한 인식은 문화콘텐츠 그룹에 더 가깝다. 그래서 현재의 CJ는 이를 다시 본래의 주력 중 하나인 식문화로 잇는 라이프 콘텐츠로의 순환을 꾀하고 있다.

그러면 본론으로 돌아오자.

광고주가 만약 사회적 인식보다 매출을 더 꾀해야 하는 상황이라면 어떤 광고를 준비해야 할까? 좀 더 실무로 들어와 생각해 본다면 상품이나 서비스를 안내하고 구매를 유도하는 상세페이지 자체가 광고의 대상이 될 때 광고주는 과연 어떠한 흐름으로 전개해야 할까. 우리는 이제 광고주의 입장이 되어야 한다.

2

판매채널의
광고사례

쉬운 이해를 위해 '상세페이지'가 광고의 대상이 되는 경우를 보자.

파워링크 '공부의자' 관련 광고입니다. ⓘ   등록 안내 ›

현대 사무용가구 본사물류센터 www.gaguhd.co.kr/ ［Ⅳ］Pay 3% ｜↑│
건국도매유통, 자체생산. 관공서납품 중소기업 / 대량견적. 에누리환영. 공부의자

사무용책상 파격세일	31,900원
사무용의자 파격세일	38,500원
사무용파티션 파격세일	11,000원부터

G마켓 공부의자 www.gmarket.co.kr
이벤트 3일마다 최대 30만원쿠폰
공부의자 빅스마일데이. 단 9일간의 혜택! 최대 30만원 할인이 총 3번!

에이블루 공석물 2+1 혜택 abluestore.com ［Ⅳ］Pay 3%
누적판매 70만개 돌파! 허리 건강을 책임지는 특허받은 자세교정의자 커블체어

커블체어 컴피	44,900원부터
커블체어 와이더	59,800원부터
커블체어 키즈	54,900원부터

공부의자 옥션 www.auction.co.kr
이벤트 3일마다 최대 30만원할인
단 9일! 공부의자. 빅스마일데이엔 누구나 15%할인쿠폰+특가상품 확인하기!

공부의자 생활지음 smartstore.naver.com/patra ［Ⅳ］Pay 3%
할인 침할인 및 후기 3천원적립
베스트 공부의자 최대 41%할인. 국내주문제작. 인체공학적 설계. 친환경소재

위 이미지는 실제 네이버에서 '공부의자'로 검색했을 때 나

오는 파워링크 광고다. 클릭할 때 마다 비용이 나가는 CPC방식 (Cost Per Click)이다. 예전에는 클릭 시 홈페이지 메인으로 랜딩 (Landing)되었는데 요즘에는 직접 상세설명으로 이어지는 경우가 대부분이다. 광고의 구매전환율에 대해 갑론을박이 많지만 PC광고에서는 접근하기 쉬운 가장 보편화 되어 있는 광고다.

다음은 '네이버 쇼핑검색' 광고라 하여 상세설명 자체를 검색결과의 첫 상단에 위치 시키는 광고다.

[PC 화면]

[모바일 화면]

　　네이버쇼핑이 가격비교와 통합포인트 적립(어느 판매자에게

서 구매하든 적립 마일리지가 통합 된다)의 편의성으로 시장 지배력

이 높다. 그리고 위 이미지처럼 모바일 사이트에서 상품을 검색

시 네이버쇼핑 최상단에 단독으로 노출되게 된다. 여기서 '단

독' 노출이 얼마나 효과 있을까 싶겠지만 다음 전개 되는 화면

을 보자.

　'나이키 에어맥스 97' 검색 결과 '네이버쇼핑' 첫 상단에 전

개된 상품이다. 광고라고 마킹되어 있는 공간은 판매자 단독으

로 노출이 되고 있지만 광고 다음으로 검색 된 검은색 운동화

는 판매처가 127개로 묶여 있는 것을 볼 수 있다. 네이버에서는

같은 모델을 등록한 여러 판매자 중 최저가격을 비교 노출하는

서비스를 기본으로 제공하는데(네이버는 이를 매칭 서비스라고 칭

한다) 결국 '최저가'를 제시한 판매자가 클릭을 독식하는 식이

다. 저렇게 '묶여 있는' 판매자가 위의 광고를 진행하면 단독으

로 노출되어 최상단에 나올 수 있으니 어쩔 수 없이 판매자에게 매력적인 광고가 된다.

3

공감할 수 있는 메시지 추출하기

레이메쉬 RAYMESH 시리즈

레이메쉬 시리즈는 5개(W쿠션형 1개, 업그레이드 4개)의 라인속에 30개의 모델이 있습니다.

라인별로는 방석과 팔걸이 차이가 있으며,

제품 선택별로는 헤드유무와 하트 요추, 특허특대요추 적용차이가 있습니다.

의자사이즈 팁

아이부터 어른까지 다양한 연령대를 고려하여 제작한 의자입니다.

제품 특장점

S라인 등받이에 더블라셀 메쉬소재를 사용하여 보다 통기성과 탄성이 우수하고, 요추보호 기능성 의자의 특성을 가진 하트요추 및 특허특대요추를 적용할 수 있는 건강한 의자입니다. 하트요추 및 특허특대요추는 자세교정에 많은 도움이 됩니다.

　　다음은 어느 기능성 의자를 생산하는 회사의 상세설명이다. 상품의 명칭과 종류 그리고 모델의 특성을 안내하고 있다. 이 화면을 처음 접하는 사람의 입장으로 생각해 보자. 이 의자가 왜 좋은지 한 번에 알기는 어렵다. 즉, 몰입하는 시작점이 없다.

판매자는 여러 사람이 두루 읽고 구매하기를 원했을 텐데, 구매자에게 설명의 시작부터 매우 낯설다. 첫 마디는 이렇다.

> ## 레이메쉬 RAYMESH 시리즈

'RAYMESH'라는 영문 풀네임을 보여줘서 특별한 의미 전달이 있나 싶었다. 우리가 자주 사용하는 'X-ray'라는 단어에서 조금 유추해 볼 수 있지만 방사선의 그 '선' 외에는 다른 사전적 의미가 떠오르지 않았다. 심지어 'RAYMESH'에서 'X-ray'를 떠올려 연관성을 찾는 사람조차 많지 않을 것이다. RAY의 뜻을 찾아보자.

광선, 선

가오리

희망의 한줄기 (언뜻 보일 때)

만세

RE

'MESH'는 사전적 의미로 '그물망'이지만 대개 구멍이 난 패

브릭 조직으로 이해한다. 설마 '가오리 잡는 그물망'일리는 없고 아마도 생산 공정에서 레이저 가공을 통해 만든 메쉬 원단일 수도 있다는 생각이 든다. 그런데 업계에서나 첨단가공으로 만든 원단으로 인지하지, 일반 소비자는 선뜻 이해하기 어렵다.

출처 ⓒ '레이메쉬' 상세페이지 일부

다음으로 이어지는 상세설명 중 일부다. 역시 낯선 영어가 눈에 띈다. 여지없이 사전의 힘을 빌렸다. 'Lumbar'의 사전적

의미는 '요추'라고 한다. 그럼 요추는 허리 뼈 중 일부로 유추해 볼 수 있는데 상세이미지를 보아 엉덩이와 등 사이 그 어디쯤 이라 생각할 수 있다.

의학 [같은 말]
허리뼈(척추뼈 중 등뼈와 엉치뼈 사이 허리 부위에 있는 다섯 개의 뼈)

네이버 사전을 보니 위와 같이 설명한다. 척추 뼈 마디 중 '다섯 개의 뼈'를 요추라 설명을 해도, 직관적으로 이해가 쉽게 가지 않는다. 한글 텍스트 조차 한 번에 알아듣기 어려운데 상세이미지에 쓰인 'Lumbar'를 보자마자 소비자가 끄덕이며 '몰입'할 수 있을까. 결국 누구에게 말해야 하는지 정확히 분류하지 못해 벌어지는 일이다.

시작은 무조건 낯설지 않아야 한다.

상세설명의 시작은 '공감할 수 있는 익숙한 내용'으로 하는 것이 좋다. 처음에 어떤 문구를 써야 할지 모르는 경우가 많은데 가장 편한 방법은 이미 써 놓은 스크립트에서 '그대로 오려오는 연습'을 하는 방법이 있다. 사례를 보자.

첫 번째 묶음

자세 교정이 되는 기능성 의자
아이부터 어른까지 고려한 30개 모델!

레이메쉬 시리즈는 5개(W쿠션형 1개, 업그레이드 4개)의 라인속에 30개의 모델이 있습니다.

라인별로는 방석과 팔걸이 차이가 있으며,

제품 선택별로는 헤드유무와 하트 요추, 특허특대요추 적용차이가 있습니다.

두 번째 묶음

의자사이즈 팁

아이부터 어른까지 다양한 연령대를 고려하여
제작한 의자입니다.

제품 특장점

S라인 등받이에 더블라셀 메쉬소재를 사용하여 보다
통기성과 탄성이 우수하고, 요추보호 기능성 의자의 특
성을 가진 하트요추 및 특허특대요추를 적용할 수 있는
건강한 의자입니다. 하트요추 및 특허특대요추는 자세
교정에 많은 도움이 됩니다.

레이메쉬가 처음 언급되었던 첫 번째 설명보다 좀 더 자연스럽다. 30개의 모델이 어떤 도움이 되는지 소비자가 직관할 수 있다. 스크립트에서 오려온 내용을 순서대로 정렬하면 아래와 같다.

'30개 모델'
'아이부터 어른까지'
'고려하여'

'기능성 의자'
'자세교정'
'됩니다'

#첫 번째 묶음

#두 번째 묶음

이 두 묶음 중에 소비자가 쉽게 공감할 수 있고 반응할 문구가 무엇인지 생각하면 바로 '#두 번째 묶음'이다. 그렇다면 이를 자연스러운 한 문장으로 만들 때 '됩니다'만 부드럽게 바꿔 주면 된다.

자세교정이 되는 기능성 의자

중요한 것은 단어나 문장 일부분을 오릴 때 '본문의 범위를 벗어나지 않는 것'이다. 그래야 자신이 작성한 스크립트(상세설명)의 내용에 대해 꼼꼼히 검증할 수 있다. 검증이 반복될수록 스크립트의 작성이 판매나 홍보 등에 조금 더 충실해지고 불필요한 미사여구를 자연스레 줄일 수 있다.

나머지 묶음도 자연스러운 문장이 되도록 다듬어 준다.

아이부터 어른까지 고려한 30개 모델!

위와 같은 방식으로 두 번째 상세 이미지를 수정한 사례를 먼저 살펴보자.

['레이메쉬' 상세페이지 일부 각색]

무엇이 달라졌는지 찾을 수 있겠는가?

두 번째 상세설명 역시 내 상품을 잘 모르는 소비자가 '쉽게 공감할 수 있는 내용'을 먼저 오려내는 것이 중요하다. 다음 챕터에서 본문의 범위를 벗어나지 않는 두 개 정도의 문구를 오려보도록 하자.

4

단정적인 문구는
빠른 공감을 이끌 수 있다

['레이메쉬' 상세페이지 일부 각색]

#1 **허리를 펴주고 바른 자세를 유도하는**

#2 **구부정한 자세를 바르게**

둘 다 괜찮은 문구다. 우열을 가리기 쉽지 않다. 이럴 때는 어떤 문구가 더 '단정적'인지 살피는 것이 좋다. 판매와 홍보에 있어 단정함의 위력은 생각보다 강하다. 다음 문구들을 비교해 보자.

> **'에어컨을 많이 쓰면 여름철 전기료가 많이 나올 수 있죠'**

vs

> **'여름철 전기료가 많이 나오잖아요'**

> **'병원에서 이런 저런 검사를 받고 치료받으면 병원비가 부담되죠'**

vs

> **'병원비가 부담되죠'**

> **'미리 준비하지 않으면 고등학생 때**
> **공부량이 많아져서 입시준비에 엄청 부담이 됩니다'**

vs

> **'고등학생 때는 공부량이 많죠'**

단정하는 문장은 짧고 강렬하지만, 논리적으로 볼 때 일반화의 오류가 있다. 그러나 내 상품의 단점이나 약점을 숨길 수 있는 좋은 방법이기도 하다(간혹 이 일반화의 오류로 광고 윤리에 어긋난다는 의견도 있다).

실제 CF 광고카피를 살펴보자.

> **'바다에서 온 건강'**

참치 통조림의 광고카피다. 등푸른 생선이 건강에 좋다는 것은 많은 이들이 알지만 수은 함유량 때문에 뉴스나 방송 등 언론에서는 임산부나 유아에게는 섭취를 제한하라고 권한다.

하지만 그렇다고 해서 참치 통조림 광고를 보자마자 수은을 떠올리며 건강 걱정을 하는 소비자는 극히 소수다.

'대한민국 피로회복제'

카페인이 함유된 자양강장제 CF다. 한때 이런 자양강장제의 카페인 성분이 좋지 않다는 사회적 분위기가 있었는데, 이런 가운데 비타500이 카페인이 없다는 광고로 상당한 반사이익을 얻어 동종업계 내 경쟁상품이 된 것은 유명하다. 그래서 카페인이 함유되어 부작용이 있을 수 있지만 피로 회복에 초점을 맞춰 '나를 아낀다'는 콘셉트로 광고를 진행했다.

'사나이 울리는 신라면'

매운 맛으로 유명한 라면의 광고카피다. 요즘에는 이 라면보다 더 매운 라면도 출시 되었지만 이 광고에서는 상남자가 울 정도로 맵다는 단정으로 시작한다.

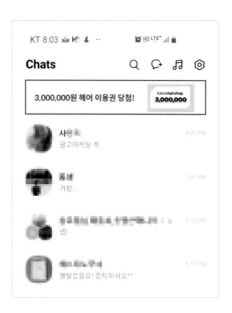

단정하는 문구는 활용성이 좋다. 위 카톡 대화창 상단 광고 영역을 보면 당첨 기회 제공이 아니라 아예 당첨이 되었다는 늬앙스로 내용을 전달하고 있다. 사람들이 터치하고 나서야 착각임을 알게 된다. 자극적이고 낚시형의 광고로 유입을 좀 높일 수 있지만 광고효율은 장담하기 어렵다.

단정적인 문구의 또 다른 장점은 말의 길이를 쉽고 간편하게 줄일 수 있다는 점이다. 이런 이유로 상세설명의 전개도 쉬워진다.

다음의 상세설명을 보자.

병원에서 이런 저런 검사를 받고 치료받으면
병원비가 부담되죠.
나이 들수록 자신 없어지는 신체건강…
이제 00손해보험으로
100세시대도 걱정 없는 든든한 노후를 준비하세요.

앞서 단정한 사례 중 하나를 짚어 내용을 구성해 보자.

병원에서 이런 저런 검사를 받고 치료받으면
병원비가 부담되죠.
나이 들수록 자신 없어지는 신체건강…
이제 00손해보험으로
100세시대도 걱정 없는 든든한 노후를 준비하세요.

그 다음 굵은 글씨 부분을 단정적으로 바꾼 '병원비가 부담 되죠'에 물음표만 붙여 맨 위로 오려 낸다.

병원비가 부담되죠?

병원에서 이런 저런 검사를 받고 치료받으면

병원비가 부담되죠.

나이 들수록 자신 없어지는 신체건강…

이제 00손해보험으로

100세시대도 걱정 없는 든든한 노후를 준비하세요.

그런데 눈에 거슬리는 부분이 있다.

병원비가 부담되죠?

병원에서 이런 저런 검사를 받고 치료받으면

병원비가 부담되죠.

나이 들수록 자신 없어지는 신체건강…

이제 00손해보험으로

100세시대도 걱정 없는 든든한 노후를 준비하세요.

같은 말의 반복인데, 신경이 쓰이더라도 초반에는 애써 외면하길 권한다. 판매자는 자주 보는 문구이고, 사실 작문은 같은 말을 반복하지 않는 것을 정석으로 하지만 상업적 목적의 글은 반복 되어도 큰 문제되지 않는다. 그리고 시간이 지나 어느 정도 실력이 늘면 '뜻은 같지만 다르게 표현'하는 방법을 자유롭게 구사할 수 있다.

병원비가 부담되죠?

이런 저런 검사를 받고 치료 받으면

눈덩이처럼 늘어나는 병원비!

나이 들수록 자신 없어지는 신체건강…

이제 00손해보험으로

100세시대도 걱정 없는 든든한 노후를 준비하세요.

단, 당부할 게 있다. '이 약을 먹고 병이 나았습니다'라는 식의 의료 또는 건강기능식품 등 관련법규(ex: 식품의약품안전처 허위과장광고 가이드라인)나 허위과장광고 등의 가이드라인(ex: 공정

거래위원회 표시광고법 위반사례)이 있는 경우에는 단정하는 문구가 위법사유에 해당될 수 있으므로 유의하자.

5

돈을 누가 쓸까?
(개념)

만성피로에 시달리고 있는 30대 직장인 싱글 남성 A씨가 있다. 최근 이직한 회사는 근무 환경도 좋고 업무 스트레스도 심하지 않아 만족스러운데 회식이 좀 잦은 것이 부담이다. 그렇지 않아도 피곤한데 술 마신 다음 날은 일에 집중하기 힘들다. 그러다 우연히 홍삼액을 아침 저녁으로 마시면 좋다는 말을 들었다. 숙취해소에도 도움을 준다하니 검색을 해보기로 한다.

> **노년층을 위한 천연건강음료, OOO홍삼진액**
> **사랑하는 부모님께 선물하세요!**

만약 이런 문구를 맨 처음 접했다면 A씨는 해당 상품이 노년층을 위해 특별히 만들어진 홍삼진액이라고 생각하고 다른 상품을 찾을 것이다. 이 문구는 장년층 또는 부모님 선물을 찾는 효도선물에 적절한 내용이다.

유치원에 다니는 아들을 둔 B씨. 아들이 환절기에 감기에 자주 걸려 걱정인데 면역력에 홍삼액이 좋다는 주변 추천을 들었다. 아이가 쓰다고 싫어할 것이 분명하지만 건강을 위해 악역을 자처하고 검색을 한다. 그리고 보는 첫 문구.

> ### 아침을 개운하게! 만성피로까지 싹~
> ### 당신의 간도 굿모닝인가요?

아이 것을 구매하기 위해 검색을 했지만 요즘 부쩍 힘들어하는 남편이 눈앞에 아른아른 거려 괜스레 마음이 쓰인다. 그리고 B씨 역시 육아와 직장 업무로 아침이 힘들다. 그럼 내가 힘드니 나부터 사먹어야 할까? 이런 상황에서 선뜻 본인을 위한 홍삼액을 구매하는 주부는 많지 않을 것이다. 이 문구는 남편과 자식이 있는 B씨가 아닌 싱글 남성 A씨가 보면 반색할 내용이다.

B씨가 보고 반응할 내용은 아래와 같다.

> **우리 아이 건강하게 쑥쑥! 씩씩하게 크렴!**
> **엄마의 마음을 담은 OOO홍삼진액**

어느 소비자를 선택하여 집중할 지에 대한 우선순위에 이견이 있다면 전단지나 브로셔 등 유인물의 개념으로 보고 작성해 보자. 여러 개의 전단지를 가지고 있다면 지나가는 사람이 어떤 분류인지 파악하고 전단지를 나눠 주기 어렵다. 그렇기 때문에 누구나 봐도 무방하게 다수의 소비자층을 대상으로 한 전단지를 만들어 배포한다. 그러나 선택과 집중을 해야 한다면 소비자층을 정하고 그 소비자에게 맞는 문구를 작성해야 한다.

위의 포스터는 실제로 정관장에서 내보냈던 광고 포스터를 일부 각색했다. 잡지나 지하철 또는 옥외 광고 등 다양한 소비자가 섞여 유동인구가 발생하는 곳에 적합하다. 판매처나 상품 구성을 뒷면에 인쇄한 전단지로도 좋다. 그러나 검색을 통한 쇼핑이라면 상황이 달라진다.

우선 검색하는 사람이 다르다. 누구나 검색하지만 그 '누구'가 다 다르다.

숙취 때문에 홍삼 진액을 찾는 A씨는 직접 '홍삼 진액'을 검색하거나 피로회복이나 숙취, 원기회복, 만성피로 등의 키워드로 검색을 할 것이다. 감기 잘 걸리는 아들을 둔 B씨도 직접 '홍삼 진액'을 찾거나 어린이 홍삼, 어린이 환절기 감기, 어린이 기침 등으로 검색을 할 것이다. 검색하는 상품은 동일하지만 상품에 대한 '기대효과'가 다른 것이다. 이해를 위해 좀 더 들여다보자.

부산에 위치한 호텔을 검색하는 여행객들에게 다음의 검색 키워드를 제시하면 어느 소비자가 반응할까.

'키즈 카페가 있는 부산호텔'

어린 아이가 있는 가족의 관심을 가장 먼저 받을 것이다. 키즈 카페에서 아이가 놀 동안 부부는 잠시 휴식을 취할 수도 있고, 아이와 카페에서 같이 시간을 보낼 수도 있다. 구글에서의 검색 결과를 보자.

아이가 있는 엄마나 아빠가 보면 환영할 만한 검색 결과다. 키즈 카페가 있는 부산 호텔이 두 곳이 보인다. 아마 부산에 키즈 카페가 있는 호텔이 더 있을텐데 검색 결과 첫 페이지에 노출되지 않았다. 호텔 입장에서는 아쉬운 부분이다.

반대로 위의 정보가 전혀 필요하지 않은 소비자도 있다. 예를 들면 처음으로 같이 여행을 떠나는 커플은 어떨까. 주머니

사정이 허락 된다면 가성비보다 조금은 사치스런 소확행 여행도 생각할 수 있다.

'바다전망이 좋은 부산호텔'

검색 키워드에서 느낄 수 있지만 달콤하고 로맨틱한 분위기를 느낄 수 있다. 바다를 보며 와인이나 샴페인을 마실 수 있고 애인을 감동시킬 이벤트도 준비할 수 있다. 구글의 검색 결과를 보자.

부산 여행을 해본 사람은 충분히 알겠지만 선망이 좋은 호텔은 의외로 많다. 들으면 아는 유명 호텔 브랜드도 수두룩하다. 그런데 검색 결과 상단은 특정 호텔 몇몇만 보인다.

'키즈 카페가 있는 부산호텔' 검색 결과에 나온 파라다이스 호텔을 보자. 이 호텔은 바다 전망이 뛰어난 편이다. 해운대 바다가 바로 정면에 위치해 걸어서 이동이 가능하다. 하지만 아쉽게도 바다 전망이 중요한 여행객의 검색 결과에는 제외되어 있다. 인지도가 강한 호텔이지만 검색 결과 유입에서는 아쉬운 상황이다(별표가 있는 검색 결과는 여행사이트의 후기가 수집된 것을 볼 수 있는데 아직 국내 포탈은 검색 결과에 반영하지 않고 있다).

기업의 실무자를 대상으로 강의할 때 소비자 분류가 구체적이지 않아 어려워하는 경우를 많이 보았다. 이에 대해서는 다음 장에서 좀 더 살펴보자.

같은 상품에 대한

기대효과가 다른 이유는

소비자 구성이

다르기 때문이다.

6

돈을 누가 쓸까?
(본론)

같은 상품에 대한 '기대효과'가 다른 이유는 소비자 구성이 다르기 때문이다. 문구를 만들 때 이를 간단히 분류해 볼 수 있는 방법이 있다.

- 구매당사자
- 갑을관계(#1)
- 갑을관계(#2)

먼저 소비자가 구매당사자인 경우다. 위에서 봤던 홍삼액을 찾는 회사원 A씨가 여기에 해당되는데, 구매하는 사람을 설정하여 구매를 유도하는 것으로 비교적 간단하다.

> ## 아침을 개운하게! 만성피로까지 싹~
> ## 당신의 간도 굿모닝인가요?

자신의 몸을 챙기려 검색한 결과에서 A에게 좋은 효과가 있을 것이란 문구가 이어져야 A씨는 관심을 가질 수 있다.

> ## 우리 아이 건강하게 쑥쑥! 씩씩하게 크럼!
> ## 엄마의 마음을 담은 000홍삼진액

이 문구는 허약체질의 아들이 걱정인 B씨가 보면 관심을 가질 문구가 된다. 이런 관계가 '갑을관계#1'의 경우다. 여기서 갑과 을은 이렇게 구분하면 된다.

갑: 소비하는 당사자

을: 소비한 상품을 사용하는 자

그런데 갑을관계가 2가지인 경우는 '갑'이 결정권을 모두 가진 경우가 있고, 반면 돈을 쓰는 입장인데 '갑'이 아닌 '을'의 만족도가 전적으로 더 큰 비중을 가지는 경우가 있기 때문이다. B씨의 경우 아이가 어리기 때문에 B씨가 아이의 의사나 만족에 관계없이 단독적인 소비를 할 수 있다. 다만 문구를 만들 때 '을에 발생하는 기대효과'가 '갑에 의해 결정'되게 하는 방식으로 유도하는 것이다. 유사한 문구를 하나 더 들여다 보자.

> ## 우리 아이 원어민 발음
> ## 엄마가 만들어줘요.

이 문구는 외국어를 잘하는 아이, 즉 '을'에 대한 기대효과가 엄마의 결정으로 가능하다는 것을 보여주는 경우다.

우리 아이 원어민 발음
(외국어 잘 하는 우리 아이 '을')

엄마가 만들어줘요.
(다만 구매결정은 엄마인 '갑')

언뜻 보면 구매당사자와 비슷한 부분이 있다. 그러나 을이 갑에게 '기대효과'로 투영된다는 점에서 다르다. 위와 같은 경우의 갑을관계는 대개 미성년자를 둔 부모 등 결정권이 일방적인 경우에 두루 사용된다. 육아, 교육 콘텐츠 등 미성년자와 관련된 마케팅에 활용하기 좋다.

반면, 갑의 존재 자체가 미비하여 카피에서마저 나타나지 않기도 하는데 제공받는 '을'이 돈 쓰는 갑을 좌지우지하는 '갑을관계#2'가 이에 해당된다.

> **노년층을 위한 천연건강음료, ○○○홍삼진액**
> **사랑하는 부모님께 선물하세요!**

어버이날이나 생신 또는 명절 등에 부모님 선물을 고민하는 자식입장에서는 '을'의 만족도가 전부인 경우가 많다. 당연히 을의 입장을 재차 강조하는 카피가 만들어진다.

노년층을 위한 천연건강음료, ○○○홍삼진액

(어머니/아버지가 건강하셔야 하는데… '을')

사랑하는 부모님께 선물하세요!

(어머니/아버지가 좋아하시면 더 좋은데… '을')

갑을관계#2는 '접대' 또는 '마음표현' 등 상대방의 만족도가 우선할 때 사용한다. 가장 널리 활용되고 주제도 상당히 넓다.

구매당사자, 갑을관계#1, 갑을관계#2의 구분이 구체적인 세분화 과정에는 한계가 있지만 대략적인 '기준'이나 '주력군'의 우선순위를 정할 때 간단하고 편리하게 사용할 수 있다. 무엇보다 문구의 비중을 어디에 두느냐에 따라 흐름이 완전히 달라지기 때문에 소재 선정을 위한 주제파악에 용이하다.

7

돈을 누가 쓸까?
(연습하기)

다음의 사례들을 보며 구매당사자, 갑을관계#1, 갑을관계#2의 구분을 연습해보자. 세 가지 구분사항 중 어디에 속할지 적어보고 해설과 비교하여 자신의 생각과 비교하면 된다.

가볍게 연습할 수 있도록 소비자분류를 구체적으로 제시하고 그에 적절한 예시문구에 대해 설명을 달았다. 당장 문구를 어떻게 만들지에 대한 고민보다 소비자분류의 구분에 따라 문구가 어떻게 달라지는지부터 자연스럽게 글의 흐름을 느끼면 충분하다.

반수, 재수, 삼수 등의 스파르타학원

Q: 자기주도학습을 하는 학생이 대상인 경우

A: 구매당사자, 갑을관계#1, 갑을관계#2

소비자 분류 해보기

Explain: 갑을관계#2

자기주도학습을 하는 학생이라면 입시계획의 결정권이 '을'
에게 있는 경우다. 부모인 '갑'은 경제적 지원을 하는 상황이다.
구매당사자는 본인이 직접 소비하고 본인이 그 대가를 받는 경
우라서 구분된다. 아래는 실제 있던 광고를 각색했다(D학원).

틀림없다!
실패는 다시 없다!

여기서 '틀림없다'는 다소 상투적일 수 있는데 뒷배경으로
있는 이미지가 무엇이냐에 따라 반전과 각인효과를 충분히 유

도할 수 있다. 첨삭지나 문제지에 빨간펜으로 동그라미 표시가 있는 이미지를 사용하면 문제가 틀릴 일이 없다는 암시와 그 학원이 틀린 선택이 아니라는 중의적인 전달을 할 수 있다(이 부분은 이후 이미지 선택하는 방법에서 다시 다룬다).

'실패가 다시 없다'는 문구는 재응시를 하는 수험생을 암시하여 '을'의 결정을 유도한다.

틀림없다!

(내가 한 두 문제만 더 맞혔어도… '을')

실패는 다시 없다!

(딱 한번만 더 해볼까… '을')

다만, 10대 20대를 대상으로 문구를 만들 때 단어선택에서 오는 어려운 점이 있다. 무엇보다 '급식체'로 표현되는 말줄임 단어나 초성 또는 외래어와 한글을 섞어 쓰는 경우다. 자칫하면 문구 자체가 아재스러워 주제는 맞는데 소재가 틀려 외면받기 쉽다. 솔직히 위의 경우가 전형적인 아재문구다.

정시빌런?
빠태는 합격이지!

10대 용어를 꿰고 있지 않는 이상 한 번에 이해하기 어려운 문구다. 더욱이 이런 문구는 이미지마저 바뀌게 된다. 일단 설명을 붙인다.

빌런: 본래는 'Villain'으로 영화에서 악역을 의미한다. 그러나 지금은 무엇인가에 과집착을 하거나 독특한 행동을 하는 이들을 의미한다. 예시로 서브를 넣거나 리시브를 할 때 괴성을 지르던 테니스 선수 '마리아 샤라포바'가 괴성빌런이라고 할 수 있다. 또는 브라질의 유명 축구선수였던 호나우두가 매우 독특한 머리로 경기에 출전한 적 있는데 지금으로 치면 헤어빌런이 되는 경우다.

[호나우두 머리 모양]

그러므로 정시빌런은 재수 또는 삼수 등 본의 아니게 수능에 집착해야 하는 상황을 은유하는 문구다. 빠태는 '빠른 태세 전환'을 의미한다. 즉, 고집피우지 말고 스파르타학원으로 빨리 결정해서 합격하라는 의미가 된다.

정시빌런?
(수능 또 봐야 하나?… '을')

빠태는 합격이지!
(고민하지 말고 선택해라… '을')

10~20대 문구를 설명하는 입장이지만, 실제 20대 직원들과 대화를 하면 선뜻 이해되지 않는 경우가 많았다. 확률에 맡겨야 한다는 말을 '1.3.5.7.9'로 말해서 이해하지 못한 적도 있고 어깨에 힘이 들어갔다는 뜻으로 '어깨에 햄버거 하나씩 있다'로 말해 되물은 적도 있다. 20대 용어조차도 한 번 더 생각해야 이해를 하는데, 이런 20대어를 사용하는 20대조차 어려워 하는 말이 또 10대 용어다.

적어도 10대를 소비자군으로 보고 있다면 스트레스를 받겠지만 급식체로 칭하기도 하는 10대 신조어를 꾸준히 찾아서 익숙해지도록 봐야 한다. 대략 흉내를 내서 의도를 설명하고 주변의 10대들에게 직간접적으로 조언을 얻는 것도 방법이다.

Case 2 반수, 재수, 삼수 등의 스파르타학원

Q: 공부에 크게 관심이 없는 학생의 경우

A: 구매당사자, 갑을관계#1, 갑을관계#2

```
소비자 분류 해보기



```

Explain: 갑을관계#1

대개 이 경우는 부모님의 의지가 학생보다 더 강한 경우다. 그러므로 '을'은 공부를 당하는(?) 입장이고 부모는 '갑'의 입장에서 단독적인 결정을 하게 된다. 즉, 갑이 설득 될만한 내용을 문구로 만든다. 역시 실제 있었던 문구를 각색했다. 10~20대 용어는 신경쓰지 않아도 된다.

쇠사슬식 합숙
목표달성 반드시 시킵니다!

원래는 '쇠사슬반'이었다. 단어 자체로 얼마나 독하게 공부를 시키는지 단번에 느껴질 정도다. 부모님들마다 목표가 다를 텐데 그 다양성도 '목표달성'이라는 단어로 간단히 해결할 수 있다. 실제 사용되었던 이미지는 사슬에 묶인 의자였다.

쇠사슬식 합숙
('을'을 독하게 공부시킵니다.)

목표달성 반드시 시킵니다!
(합격으로 '갑'을 만족시켜 드립니다.)

두 번째는 '갑'에게 어필도 하면서 합격해야 하는 '을'의 변화를 직접 드러내는 것이다. 문구를 만드는 입장에서 구매당사자, 갑을관계#1, 갑을관계#2를 명확히 구분했다면 갑을관계#1에서 반드시 '갑'을 고려한 문구 대신 '을'을 위한 문구를 넣어도 된다. 즉, 갑에게 '을'에 대한 기대효과를 추가로 강조해서 소비여부를 어필할 수 있다.

쇠사슬식 합숙
공부 습관이 바뀝니다!

첫 번째 문구는 유지하고 두 번째 문구를 바꾸었다. 공부 습관이 바뀌는 대상이 '을'임을 쉽게 알 수 있다. 부모 입장에서 반길 수 있는 내용이다.

Case 3 경유가 원료인 고가승용차

Q: 지방출장이나 출퇴근 거리가 비교적 있는 자동차 소비자

A: 구매당사자, 갑을관계#1, 갑을관계#2

소비자 분류 해보기

Explain: 구매당사자

자동차를 선물하는 경우는 매우 드물다. 주력을 결정해야 하는 기준을 세운다면 '대개'의 경우로 단순하게 생각하자. 소비자

비중이 가장 큰 순서대로 나열해 본 다음 영업전략 또는 마케팅 콘셉트에 맞는 소비자층을 선택하는 방법이다. 차 구입은 최종 결정을 구매당사자가 하되 가족의 동의나 조언을 듣는 것이 '대개'의 상황이므로 구매당사자에게 그대로 전달되는 문구를 만들어야 한다.

> **경제성까지 생각하는**
> **당신의 품격을 담았습니다**

언뜻 보면 굳이 두 줄로 나눠야 할까 싶다. 한 문장으로 간단히 끝낼 수 있다면 한 줄로 표현해도 좋다. 다만 공간의 효율이 필요한 스마트폰 환경이나 동영상 자막 등은 흐름을 타야하므로 두 줄로 표현하는 것을 권한다. 아래는 한 줄로 표현한 경우다. 위 두 줄 표현과 비교해 보자.

> **경제성까지 생각하는 당신의 품격을 담았습니다**

가공식품화 된 육개장

Q: 아침을 거르는 1인 가구가 주력 소비자인 경우

A: 구매당사자, 갑을관계#1, 갑을관계#2

소비자 분류 해보기

Explain: 구매당사자

조리 과정을 직접 다루는 예능프로그램이 많아 졌지만 아침식사를 직접 준비할 수 있는 소비자는 소수다. 끼니를 거르고 점심이 첫 끼이거나 아침을 먹고 싶은데 시간상 먹지 못하는 경우를 생각해보자.

**뜨끈한 한 끼
오늘의 소확행**

시기상 찬바람이 불고 끼니를 제대로 챙기지 못하는 젊은 소비자를 대상으로 할 때 적절한 문구다. 소확행은 '소소하지만

확실한 행복'을 의미한다. 이 정도의 말줄임 단어는 언론이나 예능프로그램 또는 유튜브의 자막 등에서 쉽게 볼 수 있다.

가공식품에 거부감이 있는 구매 당사자가 대상이라면 약점을 극복할 수 있는 문구를 작성하여 소비를 유도해야 한다.

**푸짐한 한 그릇의 정찬
자연을 담았습니다.**

Case 5 가공식품화 된 육개장

Q: 명절이나 생일 등 선물을 고민해야 하는 경우

A: 구매당사자, 갑을관계#1, 갑을관계#2

소비자 분류 해보기

Explain: 갑을관계#1, 갑을관계#2

우선 '갑을관계#1'을 보자. '을'이 '갑'에게 투영되어야 하고 갑의 만족이 우선인 상황이다. 대개 위계상 갑이 을보다 위에 있거나 결정의 권한이 갑에게 전적으로 있는 경우다. 부모자식 간이나 상사와 부하 또는 일방적으로 갑이 챙겨주는 관계를 생각할 수 있다.

> **푸짐한 한 그릇의 정찬**
> **엄마의 마음을 담았어요.**

구매당사자에 사용했던 문구 중 두 번째 문구만 바꿨다. 자식을 생각하는 어머니의 마음을 표현했다. 당연히 부모를 소비자로 설정하여 접근했다.

> **푸짐한 한 그릇의 정찬**
> **사랑하는 마음을 담았어요.**

좀 더 갑을 포괄적으로 바꾸었다. 부모자식간이 아니더라도 사랑으로 표현될 수 있는 절친한 친구, 연인관계 등의 다양한 관계를 소비자로 설정할 수 있다.

두 번째로 '갑을관계#2'를 살펴보자. 이 상황에서의 '을'은 갑이 범접하기 어려운 절대적인 대상이다. 선물 받는 이의 호감을 사야 하거나 관계개선이 필요한 접대가 표현되어야 하는 상황이다.

> **푸짐한 한그릇의 정찬**
> **건강을 선물하세요**

여전히 첫 번째 문구는 그대로고 두 번째 문구만 바꾸었다. 앞서의 '사랑하는 마음을 담았어요'와는 비슷한 의도가 있지만 좀 더 격식을 따졌다. 좀 더 쉽게 설명한다면 을에게 직접 문구를 말로 전해도 민망하지 않고 위하는 마음을 전할 수 있으면 된다.

가령 '사랑하는 마음'으로 육개장을 전한다는 말을 직접 '을'에게 한다고 보자. 연인이나 가족, 친지 등 친밀한 관계면 크게 문제가 되지 않지만 업무상의 거래처 사람이라면 다소 당황스러운 입장이 될 수 있다. 대신 '건강을 선물합니다'라고 말

한다면 가공식품이 건강한거냐며 깐깐하게 되묻지 않는 이상 선물하는 이의 의도를 전달할 수 있다.

문구를 만들다 보면 여러 가정들이 머릿속을 괴롭히는 일이 자주 있다. 위의 육개장처럼 아무리 잘 만들어도 보존제가 들어갈 수 밖에 없는 상황이라면 더욱 그렇다. 이 때는 다시 한번 '단정'하는 것이 글의 흐름을 자유롭게 만든다. 단정은 곧 설정이 된다. 여러 해가 지났지만 2014년에 광고된 사례를 통해 살펴보자.

내 마음 참치에 담아, 바다에서 온 건강

앞서 단정하는 원리를 설명할 때 예로 들었던 참치 통조림의 광고 문구에 '내 마음을 담았다'는 문구가 추가 되었다. 언뜻 보면 다소 과장스러운 내용이다.

CF 광고 전개는 이렇다. 직장에서 상사에게 쓴소리를 들은 딸은 입사 1년차다. 지친 마음으로 집에 들어왔더니 이미 퇴근한 아빠가 혼자서 대충 끼니를 때우는 모습이다. 쓸쓸한 분위기를 연출한 것을 보아 엄마는 가족을 떠난듯 하다. 안쓰러움에 더 속이 상한 딸이 아빠를 혼내듯 한소리 한다. 찬거리를 찾던 중 참치캔을 발견하고, 다음의 광고 카피가 이어진다.

'마음을 전할 땐 참치를 열자'

통조림의 참치가 찌개에 들어간다. 직장생활이 27년 째라는 아버지의 답을 들으며 질문한 딸은 아빠가 걸어온 길을 이해한다. 그리고 참치찌개를 맛있게 먹는 아빠의 모습을 보며 영상에 메인카피가 등장한다.

이미지 출처 ⓘ 유튜브 동원F&B 채널

지극히 현실적으로 보면 건강을 챙기라며 만든 찌개에 가공식품이 들어간 것이다. 그러나 간편하지만 든든하게 끼니를 때울 수 있다는 메시지를 딸과 아빠의 모습을 통해 설정하고 있다. 딸의 아빠를 위한 마음을 '참치캔을 넣은 찌개'로 설정해 제품이 가지고 있는 가공식품으로의 한계를 잘 희석했다.

제품이나 서비스가 가지고 있는 한계점이 있다면 그 단점을 장점 요소에 섞어 극복하는 방법이 있다. 실제의 광고사례 두 가지를 참고해 보자.

호주산 쇠고기를 사용합니다.

한 때 국내에 광우병 파동으로 설렁탕부터 햄버거까지, 소고기가 들어간 식품업계가 대혼란에 빠진 적이 있다. 위 문구는 당시 한 햄버거 프랜차이즈 업체가 사용한 문구다. 광우병이 보고 되지 않은 호주산 쇠고기의 청정우라는 장점을 활용해 위기 극복을 했다.

버스와 지하철만 탈 수 있나, 바쁠 땐 택시도 타야지

논란이 일 정도로 단점이 될 수 있는 요소를 장점으로 기막히게 활용한 문구다. 고리의 이자를 택시로 비유해서 급전이 필요하면 비싸더라도 쓰는 것이 맞지 않냐는 의미였다. 요금은 비싸더라도 대중 교통과 비교했을 때 장소와 배차시간에 큰 영향을 받지 않는 택시의 장점을 비유한 것이라 볼 수 있다.

이번에는 수강생이 실제 판매에 적용한 두 가지 성공 사례를 살펴보자. 당사자의 노하우 보호를 위해 문구는 각색하였다.

캠핑 별식은 막창이지!

대구막창의 판매 사례다. 시험삼아 판매를 했는데 구매량이 많아 성공사례로 발표됐다. 숯불에 구우면 곱창의 비린내도 잡고 맛이 좋아진다는 것에 착안해 캠핑시즌을 활용했다. 막창을 즐겨 먹지 않는 이들에게도 판매량이 괜찮았다는 후문이다.

행운과 성공을 선물하세요!

어떤 제품을 광고하고 있는 것일까. 바로 기계로 새기는 도장 판매 사례다. 저가 정책을 하자니 하나에 몇 백원까지 가격을 내린 경쟁자가 문제였고 무엇보다 예전처럼 도장을 실생활에 자주 사용하지 않는 것이 고민이었다. 그러나 도장이 계약의 결정 단계에서 사용된다는 것에 착안해 창업, 신혼부부, 돌잔치 등 성공을 기원한다는 의미로 몇 만원대의 고급도장 판매를 시작하였는데 결과는 대성공이었다. 최근에 들은 바로는 한 달 순수익만 2,500만원에서 3,000만원 정도라고 했다.

장점을 활용하여 단점을 희석하는 방법은 생각보다 까다롭다. 폭 넓은 사례를 적용할 수 있는 예시들을 생각해 내야 하는 창의력이 필요하고, 소비자에게 어필할 수 있는 문구 구성에 대한 논리력도 요구된다. 이를 위해 평상 시 다양한 내용에서 활용성 있는 장점을 추출하는 습관이 필요하다.

제품이나 서비스가 가지고 있는

한계점이 있다면

그 단점을 장점 요소에 섞어

극복하는 방법이 있다.

66

소비자 파악 1 Commercial Script 구성의 이해

99

커머셜 스크립트를 직역하면 '상업대본'이고 익숙하게 설명하면 '상세설명'이다. 커머셜 스크립트는 판매자가 자신의 상품에 대해 얼마나 자유롭게 기술할 수 있는지를 본다. 당연히 정보가 적으면 짧게, 많으면 길게 나온다.

빛 떨림 ZERO!! 눈부심 ZERO!!
수은, 아르곤을 사용하지 않아 자외선도 ZERO!!
미세한 빛 조절로 개인별 시력에 따라 직접 맞춤형 빛조절이 가능
(눈부심 방지용 특수렌즈 장착)
색온도에 따라 집중력이 달라진다는 사실 알고 계시나요?
태양광에 가까운 색온도 5700K는 집중력을 지속시켜 줍니다.

실제 판매되고 있는 상품의 상세설명 사례다. 읽기에 어려움은 없다. 상품의 어떤 점이 좋은지도 잘 설명하고 있다.

저속에서 시작되는 발수효과
시속 45km부터 발수효과가 시작되는 초발수 코팅제!
시속 45km이상 속도가 나면 시내주행중에도
탁월한 발수효과를 경험하실 수 있습니다.
시공이 간편해 여성운전자분도 손쉽게 시공이 가능!
손을 더럽히지 않고 시야를 확보할 수 있습니다.

'발수효과'의 의미를 모른다면 직관적인 이해가 어렵다. 정확한 뜻을 알기 위해 사전을 찾아봤지만 일본식 한자인지 명확한 설명이 없었다. 이는 어려운 상세설명의 사례다. 누구나 이해할 수 있도록 상세설명은 무조건 쉽게 써야 한다. 초등학생도 쉽게 이해할 수 있도록 쓰는 습관을 들이자.

제품효과를 보여주는 이미지를 보고 나서야 발수효과가 무엇인지를 추정할 수 있었다. 이해가 편하도록 각색한 스크립트를 보자.

> **시내주행 중 일정속도 이상(시속 45km) 주행하면**
> **자동차 앞면 유리창의 물기가**
> **와이퍼 작동없이도 닦이는 효과가 있습니다.**
> **유리창에 코팅하듯 간단히 문질러주세요.**
> **여성운전자분도 손을 더럽히지 않고 간편하게 코팅 하실 수 있습니다.**

전자제품, 화장품, 의료, 기계 등 기술개발이 중요한 업계에서는 광고에서도 전문용어를 쓰는 경우가 많다. 경쟁사보다 먼저 소비시장을 선점하기 위해서거나 호기심을 유도하기 위해 사용하기도 한다. 최근 두 전자회사가 갑론을박을 주고 받은 'OLED / QLED' 광고 설전도 그렇다. 전문가가 아닌 이상 소비자 입장에서 한 눈에 4K니 8K니 용어를 이해하기는 어렵다. 마케팅 전략에서는 전략적이나, 즉각적인 소비를 유도하기 위한 판매전략으로는 용어의 활용성이 다르다는 점을 유의하자.

커머셜 스크립트 작성의 어려움을 토로하는 분들이 많다. 그런 분들에게 역으로 상품이나 서비스 정보를 어떻게 얻냐고 물어보면 도매처, 블로그, 카페 등에서 얻거나 드물게는 뉴스, 매거진 또는 소모임 등에서 모은다고 한다. 한 마디로 정보를 얻기가 쉽지 않다는 것인데 그럴 때 마다 추천해주는 채널이 있다.

1

**유튜브 채널
활용하기**

벽지 판매를 주업으로 하는 분이 있었다. 그 분이 스크립트 작성을 위한 정보를 얻는데 사용한 검색어는 다음과 같았다. 당시에는 유튜브가 지금처럼 많이 활성화되지 않아 주로 블로그나 카페 글 등을 검색할 때였다.

조각벽지, 그레이벽지, 한지벽지, 포인트벽지, 창호지, 벽지쇼핑몰, 우드벽지

5시간의 교육시간 동안 위와 같은 키워드를 찾는 것에 4시간 이상을 소요하였다. 깊은 한숨을 연달아 내쉬던 모습이 기억난다. 그러다가 종료 30여분을 남기고 연신 고개를 끄덕이셨는데, 이때 그 분만의 키워드가 나타났던 것이다.

산부인과, 여성병원, 임신 잘 되는 법, 남성불임, 여성불임,

알레르기, 천식, 새집증후군, 아이방 인테리어,

산후조리원, 신생아 방꾸미기

시작점은 '새집증후군 제거제'였다. 새집증후군이 관련된 의료 콘텐츠도 확인하게 되면서 키워드 확장을 반복했다. 어느 정도의 방향성이 잡히니 다양한 소재가 잡혔다. 이 분이 실제로 작성한 메모를 살펴보자.

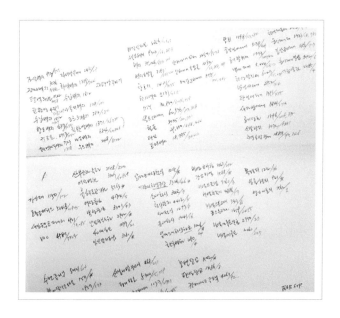

위 내용 중 '신생아 방꾸미기'의 정보 확장성을 확인해 보자. 소중한 아이를 가지기 위해 노력 중인 신혼 부부가 임신 준비 과정에서 미처 벽지까지 생각하지 못했더라도, '불임'의 경고성 커머셜 스크립트를 접한다면 충분히 호기심이 생길 수 있다. 그리고 자연스럽게 친환경 또는 유기농 벽지 등의 필요성을 느낄 것이고 일단 이들에게 가격은 두 번째 문제가 된다. 여기서 확장을 더 한다면 이사나 내집 장만으로 집의 인테리어를 고려하거나 아이에게 처음으로 방을 만들어 줄 소비자도 생각할 수 있다. 이는 소재를 활용한 소비자 접점의 발견이 된다. 때문에 커머셜 스크립트는 소비자 분류의 중요한 시작점이 된다. 당연히 구매당사자, 갑을관계#1, 갑을관계#2의 구분을 통해 첫 번째 기준을 잡는 것도 잊지 말자.

불과 몇 년 전까지만 해도 고생을 사서하며 정보습득을 어렵게 했었다. 그러나 지금은 간단히 검색만으로 커머셜 스크립트를 위한 정보를 쉽게 찾을 수 있다.

단순히 '벽지'로만 검색했을 때의 유튜브 상단화면이다. 벽지의 선택, 도배의 방법 등 실용적인 내용이 담겨있다. 커머셜 스크립트 작성 시 '팁'으로 활용하거나 품질의 강조에 참고할 수 있다. 좀 더 아래로 보면 셀프도배 관련 동영상들이 리스트업 되어 있고, 하단으로 계속 스크롤을 내리니 옥탑방, 자취방 등의 콘텐츠도 눈에 띄었다. 1인가구를 주소비자로 염두하고 있는 벽지판매자라면 관련 정보를 얻기 용이할 것이다.

스크롤을 계속해서 내리다 보면 다양한 벽지 관련 콘텐츠를 손쉽게 확인할 수 있다. 고양이를 키우는 소비자에게 어필할 수 있는 콘텐츠도 눈에 띈다. 그러나 영상 제목 내 소비자 분류가 구체적으로 언급되지 않아, 고양이 발톱갈이 본성을 모르는 초보집사들이 그냥 지나치기 쉬운 콘텐츠가 될 수 있다.

하단에는 5년 전에 업로드 된 세계지도 벽지가 보인다. 방을 꾸밀 때 벽지를 새로 바른다는 것은 기본적인 사실이나, 여기에 '아이방'을 덧붙이니 새로운 판로가 추가 되었다. 과장된 내용 같겠지만 확장된 생각을 못하고 제 손바닥만 보는 분들이 의외로 많다.

　'아이방 + 벽지'로 검색한 결과다. 겹치는 동영상이 있지만 상단에 '셀프인테리어'로 아이방 벽지를 시공하는 콘텐츠가 소비되고 있음을 알 수 있다. 이 또한 벽지 판매자 입장에서는 좋은 소재가 된다. 벽지 구매만 하면 인테리어를 따로 하지 않아도 아이방을 꾸밀 수 있다는 '간편해 보이는' 메시지를 전달할 수 있기 때문이다.

하단의 내용을 보면 아이방을 꾸며주고자 하는 소비자에게 어필할 흥미로운 내용들이 나온다. 아이 성장에 맞는 방꾸미기도 있고, 부모들이 크게 관심을 가질 'SKY 보내기 위한 자녀 공부방' 같은 교육 연계 동영상도 있다.

공주방, 이층침대, 형제방 등 아이방 벽지의 검색결과는 상당히 다양했다. 그렇다면 포털 사이트에서의 벽지 검색결과와 아이방 벽지 검색결과를 비교해 보자.

검색일 기준 네이버 포털 사이트의 '벽지' 검색결과에 상품
수가 약 75만개가 검색 됨을 볼 수 있다. 생각보다 어마어마한
수라고 생각하는 분이 있겠지만 이 정도는 많다고 보기 어렵다.
가령 '여성의류'로 검색하면 6500만개가 넘는 상품이 검색된다
(네이버계정 로그아웃을 한 경우).

　'아이방벽지'의 검색결과를 보자. 상품수가 약 3만 개가 검색된다. 물론 키워드 조회수는 '벽지' 키워드에 비해 현저히 적겠지만 많은 벽지 판매자들이 간과한 숫자로 볼 수 있다. 75만 개의 벽지 업체 중 3만 개의 업체만 '아이방벽지' 시장에 들어와 있다는 의미이기 때문이다. 이는 '공급이 비어있는 시장'이라는 의미도 된다. 즉, 훌륭한 니치마켓이다.

2

니치마켓의
이해와 적용

틈새시장으로 많이 알려진 니치마켓은 '검색키워드'가 일상이 된 현재의 소비자에게 새로운 확장성으로 활용되고 있다. 앞서 봤던 '부산 호텔'의 경우와 비슷하다. 바다 전망이 중요한 소비자가 찾는지 아님 베이비 베드가 필요한 소비자가 찾는지를 '부산호텔'의 검색결과에선 명확하게 알려주지 못한다.

'바다 전망이 좋은 부산호텔'
'베이비 베드가 있는 부산호텔'

반면 위와 같이 처음부터 구체적이고 세부적인 키워드를 활용한 소비자에게는 검색결과가 좀 더 한정적이고 원하는 정보에 근접함을 사례를 통해 확인 했었다.

니치마켓을 탐색하고 적용하는 브랜드 입장에서 추가적 소비자 세분화는 시나브로 시장지배력을 키우는 효과가 있다. 본질은 크게 변하지 않는데 부분적인 변화를 주어 상품의 소비를 새롭게 독려하고 또 시장개척을 원가의 큰 상승 없이 안정적으로 진행한다.

우유의 사례로 니치마켓을 쉽게 이해해 보자.

우유의 역사는 의외로 깊어 일제강점기까지 거슬러 올라가지만 보통은 현재의 유제품 기업들이 대거 설립된 1960년대부터 본다. 우유 보급은 정부차원에서 장려되었지만 선천적으로 소화가 잘 안 되는 사람들이 많았다. 그래서 1968년도에 유단백을 줄여 소화를 돕고 단맛을 가미하여 기호성을 좋게 한 딸기우유와 초코우유가 나왔으며, 이는 기존의 흰우유를 대체할 수 있는 니치마켓이라 할 수 있다. 초코우유와 딸기우유는 성인은 물론 어린이들에게도 인기가 많았다.

　더 이상의 가공우유는 없을 줄 알았지만 또 하나의 니치마 켓을 개척한 우유가 1974년에 빙그레에서 출시되었다. 바로 바나나우유다. 지금은 너무 흔한 과일이지만 이 우유가 처음 출시된 1974년에 바나나는 지금의 캐비어급 고가 과일이었다. 니치마켓이 하나의 거대한 팬덤을 만든 사례가 이 바나나우유며, 대중목욕탕을 다녀온 뒤 시원한 바나나우유 하나를 들이키는 것은 남녀노소 막론하고 하나의 불문율이 되었다. 빙그레가 홀로 바나나우유 시장을 독식하다시피 했다.

　　이런 빙그레 바나나우유의 아성을 깨트리고자, 바나나우유의 색깔론을 제시하며 새로운 니치마켓을 경쟁사에서 시도한다. '바나나는 원래 하얗다'며 색소가 없다는 것을 강조했는데 나름 어필된 소비자층에서 꾸준히 구매가 일어났다. 그리하여 현재 기존 바나나우유의 유일한 대항마가 된 상태다. 색소까지 따진 상황에 니치마켓이 더 이상은 없을 것 같았는데 한 상품이 더 나온다.

마시기 편하게 기존의 양을 절반으로 낮춘 어린아이용 바나나맛우유다. 다 못마시고 남기는 것이 아까웠던 엄마들의 요구를 반영한 제품이라 한다. 사측에서도 얼마나 팔릴까 싶어 온라인으로만 주문을 받았는데 주문이 폭발해 현재는 생산시설 증설을 고려하고 있다고 한다.

여러 우유상품 중 바나나우유만 해도 이렇게 여러 단계의 니치마켓이 만들어졌다. 조금만 생각해 보면 이런 니치마켓은 우리 주변에 상당히 많다. 짬뽕과 짜장을 동시에 먹을 수 있는 짬짜면, 느끼한 맛을 줄인 고추참치, 영화관에서의 조조할인, 경유지가 포함된 저렴한 가격의 비행기표 등 주력상품과 본질은 같지만 일부만 변형하여 소비자를 끌어 들이는 존재들이다.

그런데 여기 한가지 더, 니치마켓을 확장시키는 흥미로운 환경이 있다. UCC 채널의 일상화다.

'User Creative Contents'의 약자로 불리는 UCC는 우리나라말로 '손수 제작물'이라고 한다. 2010년대 초반에는 활발히 쓰이다가 요즘엔 잘 사용되지 않는 용어지만 블로그, 사진 그리고 동영상 등 모든 창작물이 대상이라는 점에서 UCC로 설명하는 것이 좀 더 정확한 의미라고 생각한다.

특히 인터넷 방송과 유튜브 등 실시간 스트리밍과 동영상 콘텐츠의 실용성이 포털의 각종 영역을 잠식해가고 있다. 또한 인스타그램처럼 스낵 콘텐츠를 공유하는 앱을 20~30대가 주축이 되어 이끌어 가고 있고, 이것이 페이스북의 소통을 능가한지 오래다. 무엇보다 새로운 트렌드가 이슈화 되면 빠른 확장성으로 새로운 대세효과를 만들고 있다. 즉, 소재가 될만하면 소비자가 자발적으로 콘텐츠를 만들어 소통한다는 의미다. 호기심과 관심을 이끌 수 있는 콘텐츠를 만들 수 있으면 누구나 크리에이터가 될 수 있다.

　　한 인스타그래머가 일상생활 중 찍은 바나나우유다. 인스타
그램이 '좋아요' 관련 정책을 수정하기로 했지만, '좋아요'가 일
단 153개다. 개인이 올린 사진치고는 꽤 많은 이들이 '좋아요'
를 눌러 주었다.

　　바나나우유로 새로운 음료를 만드는 짧은 영상이다. 4,974
명이 보았다. 빙그레와 상관없이 소비자 스스로 입소문을 내주
고 콘텐츠가 확산되는 형식이다. 그렇다면 이러한 바이럴이 얼
마나 효과가 있을까?

'코리안브로스'라는 유튜버의 영상이다. 소주에 바나나우유를 믹싱한 음료를 외국인들이 마셨을 때 어떤 반응을 보이는지 관찰한 촬영 콘텐츠다. 요즘 흔히 말하는 백만 조회수의 대박 콘텐츠는 아니지만 그래도 한국인들의 관심을 충분히 끌만한 소재고 조회수도 많은 편이다.

위 영상은 미국 현지생활을 오래한 '미국라이프'라는 유튜
브의 콘텐츠 내용이다. 바나나우유를 전혀 경험하지 못한 두 할
머니를 대상으로 스무고개 하듯 무슨 맛 우유인지를 맞추는 내
용이다. 초반에 맛본 한 할머니의 품평은 바닐라맛 우유다. 일
반적인 한국인들과 다른 반응에 신기해하며 한국인들이 흥미
를 가질만한 콘텐츠 주제다.

결국 바이럴은 '소재'의 선택이 된다. 쉽게 지나치거나 기억
속에 묻힌 내용을 재해석해 많은 이들의 관심을 얻는 것이 중
요하다. 이런 흐름을 잘 파악해 브랜드의 방향성에 접목시키면

기대 밖의 효과도 얻을 수 있다.

백종원씨가 '요리비책'이란 유튜브 채널을 시작하기 직전에 촬영한 광고다. 조회수가 300만뷰를 넘겼다. 바나나우유로 푸딩을 만들 수 있다는 정보를 주었는데 신선했는지 댓글들의 반응도 뜨거웠다.

소재의 재확산도 뒤따랐다. 광고처럼 푸딩이 정말 잘 만들어지는지 검증 겸 시연을 해보는 동영상들이 비슷한 시기에 만들어졌다. '대세화'의 흡입성을 자신이 운영하는 채널에 유입을 시켜 이슈를 공유하려는 '소재'의 리사이클링이다.

'편의점 다이닝'이라는 유튜버의 시연이다. 조회수는 비슷한 시기에 만들어진 콘텐츠에 비해 몇 배가 많은 3만여회에 달한다. 다양한 반응의 댓글도 달렸다.

댓글을 보면 백종원씨가 출연한 광고의 댓글보다 좀 더 구체적이고 리얼한 내용들이 보인다. 사실 이러한 연쇄반응은 브랜드파워가 있는 기업에서 마케팅 활동없이 진행됐다고 보긴

어렵다. 그렇지만 누구나 손쉽게 콘텐츠를 확산시킬 수 있는 환경에 있다는 점에서 크리에이터 소재의 롱테일법칙이 적용된다 볼 수 있다.

새벽배송으로 유명한 '마켓컬리'도 좋은 사례다. 이미 마트 배송이 활발하게 서비스 되고 있는 와중에 밤늦게 주문해도 이른 아침에 배송이 완료되는 새벽배송 니치마켓을 겨냥했다. 처음 서비스를 시작했을 때 과연 소비자들에게 매력적인 제안이 될지 우려하는 반응도 많았지만 프리미엄 상품 위주로 배송상품을 구성해 구매력이 있는 소비자를 대상으로 판매를 시작했고, 얼마 지나지 않아 강남엄마들의 필수앱이라는 입소문이 퍼지면서 소비의 규모가 커졌다.

당연히 마켓컬리의 서비스들이 스낵영상 소재가 되며 콘텐츠 롱테일이 만들어지기 시작한다. 많은 사람들이 소개를 하고 자신이 검증하는 방식의 글이 다양한 콘셉트로 올라 온다.

언뜻 보면 일반인이 찍었다고 하기 어려울 정도로 수준급의
사진도 인스타그램에서는 흔히 볼 수 있다. 이렇게 자그마한 소
재들이 모여 롱테일이 되면 자연스레 대세화가 된다. 흥미로운
사실은 '마켓컬리'가 브랜드의 영역으로 진입하면서 대형마트
의 손실속도가 더 빠르게 된 점이다. 한 유통 브랜드의 대표이
사가 임기 도중 갑작스럽게 사퇴하는 일이 있었는데 이 사건의
발단이 마켓컬리 때문이라는 보도가 있을 정도였다. 이런 사회

적 현상은 신선식품이 할인마트 소비자 유입에 적지 않은 비중을 차지했다는 방증이기도 하다.

다른 사례도 있다. 이 제품은 리포지셔닝의 좋은 예로도 많이 소개된다.

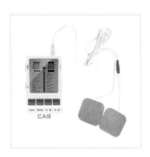

2000년대 초반 저주파 치료기가 잠시 유행한 적이 있다. 주로 장년층 이상이 사용하고 소비자들도 부모님 효도선물이나 어르신들을 위한 제품으로 인식하였다.

그러다 2017년에 디자인을 리뉴얼하고 치료기가 아닌 마사지기로 마케팅 캐릭터를 부여한 상품이 나온다. 페이스북에서 광고를 시작하고 여러 인플루언서에 협찬을 하며 대대적인 마케팅을 했는데 불과 반년도 안 되어 300만개가 판매되는 기염을 토한다. 개인적인 생각이지만 이 마사지기의 성공도 니치마켓의 연장으로 본다.

일본제품 불매운동이 있기 전 20~30대 직장인 여성에게 선풍적인 인기를 누린 상품이다. 여행을 다녀오거나 직구족 사이에 입소문이 돌다 국내에도 CJ를 통해 정식수입이 될 정도로 소비량이 많았다. 처음 광고를 할 때 종아리, 발바닥에 마사지기를 붙인 그림을 많이 보여줬는데 지금도 광고에서 자주 사용되는 포즈 중 하나다.

클럭 같은 경우 일정기간 사용 후 교체해야 하는 타입이라 자주 구매해야 하나 일본 대체상품 대비 저렴한 가격으로 판매하여 소비자들의 반응이 좋았다. 이 역시 성공적인 전환 포인트다.

　당연히 여러 사람들이 이 상품에 대한 내용을 공유했다. 광고와 인플루언서들이 구획을 그렸다면 대세력을 만든건 입소문을 내던 소비자였다. 콘텐츠 롱테일화가 이루어진 것이다.

　대세가 있으면 이를 활용하는 크리에이터도 당연히 등장한다. 바나나우유 푸딩과 다른 점은 꾸준히 콘텐츠가 재생산되고 다양한 소재로 활용되었다는 점이다.

협찬도 있지만 실제 마사지기의 효능을 비교 또는 검증하는 내용도 있는데, 현재도 꾸준히 콘텐츠가 올라오고 있음을 볼 수 있다. 초반 20대에 포커스를 맞춘 마케팅은 판매량이 늘면서 본래의 소비자층인 장년층으로도 확산을 꾀했다. 20대가 50대 부모와 소통하는 콘셉트의 동영상도 호평을 받았는데 기존의 제조사가 아닌 광고회사가 상품을 디자인해서 본업인 마케팅에 활용해 많은 주목을 받았다.

지금까지 알아본 내용을 실제 판매에 적용하여 성공한 사례를 소개한다. 노하우에 대한 세부적인 내용은 구체적으로 밝힐 수 없음을 양해 바란다.

글쓴이: 안녕하세요. 오랜만입니다. 잘지내시죠?

백경운: 네. 오랜만입니다.

글쓴이: 간단히 소개 부탁드립니다.

백경운: 네. 저는 '플레르'라고 하는 가구회사를 운영하고 있습니다.

글쓴이: 한 때 좀 힘드셨다고 들었습니다.

백경운: 네. 벌써 5년 정도 된 것 같습니다. 가구매장을 운영하고 있었
는데 판매량이 많이 하락하여 어려움을 겪는차에 세무조사도
받게 되었죠. 추징금액이 너무 커서 마음고생이 많았어요. 그
러다 온라인판매를 위해 여러 강의를 듣게 되었고 그 중에 하
나가 이 강의네요.

글쓴이: 기억납니다. 수업을 반복해 여러 번 들으셨어요. 수업이 처음에는 쉽지 않았죠?

백경운: 네. 소비자를 세세하게 분류해야 한다는데 확 와닿지 않았어요. 그리고 소비자가 어떤 키워드로 상품을 검색하는지 감조차 잡을 수 없었어요. 막연했죠. 그냥 가구, 침대처럼 단순하고 단편적인 단어만 떠올라서 더 어려웠습니다. 답답한 마음도 컸죠. 당시 매장도 운영하고 있었는데 한달 매출이 600만원 정도였습니다.

글쓴이: 임차료나 직원급여 등 이런저런 비용을 빼면 적자 아니였나요?

백경운: 그랬죠. 당시 돌파구가 딱히 보이지 않았어요. 뭐 주변에 동종업계도 상황이 좋다고 할 수 없었고 경기도 계속 안 좋아졌지요. 처음에는 가구를 보는 사람이 다 비슷하다 생각이 드니 도통 느낌이 오지 않는 겁니다.

글쓴이: 어떻게 실마리를 푸셨나요?

백경운: 강의시간에 들었던 '소비자분류'를 여러 번 시도 했습니다. 지금도 생생하게 기억하는데 강사님의 '꼭 모든 사람에게 팔 이유는 없다'는 말은 충격적이었습니다. 그래서 더 열심히 소비자분류를 했습니다. 그 때 예시로 들은 건달 콘셉트 의류 업체도 소비시장에서 판매가 호조였다는 말에 깨달았죠. 너무 안일하

게 사업체를 운영했구나 하고요. 강의를 듣고 여기저기 정보를 보면서 감을 익히기 시작했습니다. 그러다 1인가구수가 빠르게 증가한다는 내용을 보게 되었어요.

글쓴이: 지금은 1인가구 니즈가 많지만 당시는 그렇지 않았죠?

백경운: 불과 몇 년 사이에 소비자 트렌드가 많이 변했어요. 가구는 대개 3~4인 가정이 주로 구매했는데 지금은 소비시장 덩치가 좀 줄었다고 봐야죠.

글쓴이: 원룸에서 아이디어를 받으셨다고요?

백경운: 네. 1인가구에 관련 된 내용을 계속 검색하니 원룸에 거주하는 대학생, 직장인들이 생각보다 많다는 걸 알게 되었고 그 부분을 좀 더 들여다 보게 되었습니다. 이 분들이 원룸에서 사용할 가구를 어떻게 검색할지가 궁금해지더군요. 그런데 신기한 점은 아파트와 달리 원룸은 설계가 제각각이라는 겁니다. 아파트는 건설 연도 상관없이 그래도 설계상 공통점이 있잖아요. 그런데 원룸은 그게 전혀 아니였어요. 하다못해 침대를 배치하려고 해도 길이나 폭이 안 맞아서 아예 살 수 없는 상황도 많다는 것을 알게 되었습니다. 그러다 우연히 이런 상황에 처한 분들이 검색할 때 사용하는 키워드를 발견했어요.

글쓴이: 그게 무엇인지 개념만 알려주시면 고맙겠습니다.

백경운: 원룸과 좁은 공간에 대한 가구배치였어요. 1인가구 중 침대를 쉽게 들일 수 없는 분들을 목표를 잡아보자는 생각이 들었습니다. 마침 매트리스만 사용하는 분들이 많다는 걸 깨닫고 제 판매 상품 중 매트리스 깔판을 떠올렸습니다. 그리고 이 상품과 그 키워드를 묶어 보면 좋겠다는 생각을 했습니다. 곧바로 강의에서 배운 것처럼 검증과정을 거치고 상품명에 적용해서 검색노출이 되길 기다렸습니다.

글쓴이: 소비자 반응이 있었나요?

백경운: 대박이었습니다. 예상을 못했어요. 상품이 검색되면서 주문이 빠르게 늘기 시작했죠. '어…어…주문이 확 늘어나는 것 같은데…'라며 덜컥 겁이 나기도 했습니다. 이 키워드 덕에 매출이 월 1억을 처음으로 돌파했습니다. 정말 소비자분류를 구체적으로 하고 그에 맞는 키워드가 있다는 확신이 드니 자신감도 생기고 장사하는 재미도 붙더라고요. 그리고 정보가 많아지니 상세설명의 글도 많아졌는데, 계속해서 소비자에게 하고 싶은 말이 떠오르는 겁니다. 소비자가 분류되니 메시지도 명확해지고 소비자의 반응도 좋았습니다. 상품의 정체성이 확실해지니 누가 쓰면 더 좋겠다는 생각도 들어서 소비자도 좀 더 확장할 수 있었어요.

이런 고민을 하시는 고객님들께
추천해드리는 매트리스 깔판~!

바닥에 놓고 매트리스만 사용하는데 세균이나 곰팡이가 번식할까봐 걱정하시는분~!

아이와 같이 자고 싶거나 침대에서 재우는데 침대높이가 너무 높아 떨어져서 다칠까봐 걱정되시는분~!

침대에서 자다가 자주 밑으로 툭하 하시는분~!

집안공간이 좁아서 침대프레임을 빼고 매트리스만 사용하고 싶으신분~!

[영유아를 키우는 부모와
잠버릇이 고약한 소비자까지
니치마켓을 확장시켰다]

글쓴이: 검색키워드 하나로 1억 매출이라니 대단합니다. 확장은 어떻
게 하셨나요?

백경운: 아이출산이 임박했거나 이미 출산을 한 부부에게도 이 상품
의 필요성이 크다는 걸 알게 되었어요. 소중한 아이가 태어나
면 침대 낙상사고가 큰 고민이다 보니 과감히 침대 프레임을
버리는 부모들이 많았어요. 침대의 높이를 줄이는 거죠. 그런
데 매트리스만 덜렁 놓기에는 곰팡이도 피고 더운날에는 습기
도 무시 못하죠. 이 때 낮은 침대프레임이 없다는 것이 눈에 들
어왔어요.

이 부분을 공략했고 영유아를 키우는 부모님들의 주문이 계속
이어졌습니다. 상황이 이렇게 되니 뭐랄까. 장사가 날이 지날수

록 재미있어 졌어요. 소비자분류하는 방법도 확실히 방향을 잡게 되면서 어떤 상품을 어떤 검색트렌드에 접목을 시켜야 할지도 조금씩 느낌이 왔습니다.

글쓴이: 새로운 니치마켓은 어떻게 발견하셨어요?

백경운: 다음으로 기획한 상품은 큰 전신거울이었습니다. 거울은 깨지기 쉬워 배송이 간단하지 않은데 부가가치가 나쁘지 않아요. 그런데 전신거울이 잘 팔리는 상품은 또 아니거든요. 일단 크니 비싸기도 하고 무게가 있어 설치가 쉬운 것도 아니였어요. 저렴한 가격과 적당한 크기의 스탠드형 거울이 많았고 굳이 큰 전신거울을 사는 사람이 있을까 하는 의구심도 있었죠.

[실제 판매중인 큰 전신거울, 리뷰가 1500개가 조금 못 된다]

그런데 또 정보를 찾다 큰 거울이 필요한 분들을 알게 되었습니다. 의류쇼핑몰을 운영하는 분들이 셀피사진을 찍는다는 것에 착안했습니다. 그리고 쇼핑몰을 운영하지 않아도 셀피사진을 즐겨 찍는 분들이 의외로 많았어요. 그래서 관련키워드를 찾아 상품명에 넣고 검색결과에 반영시켰습니다. 아참, 거울도 좀 더 날씬해 보이는 것으로 선택해서 생산했습니다.

글쓴이: 반응은 어땠나요?

백경운: 이게 또 매출이 확! (웃음) 주문량이 많아지니 배송할 때 파손도 많아져 어떻게 포장을 잘 할 수 있을지 고민할 정도였어요. 택배사도 바꾸고 난리도 아니였죠. 이 때를 기점으로 매출이 월 3억원을 넘기게 되었습니다.

글쓴이: 대단하네요. 놀라운 매출액입니다!

백경운: 이런 방식의 시장개척이 된다는 게 저도 신기했어요. 직원들도 제가 키워드를 바꾸면 없던 매출이 나타나기 시작하니 '대충하는 것 같은데 묘하다'라는 식의 분위기입니다. (웃음)

핸드폰으로 얼굴만 찍으셨죠?ㅎㅎ
이젠 전신촬영도 가능해요~!!
폭풍셀카를 부르는 메탈 슬림 전신거울

글쓴이: 예전에는 다소 만년체였는데 요즘은 문구도 잘 들어오게 구
　　　성하시는 것 같습니다.

백경운: 이전에는 상품부터 만들어 놓고 어떻게 판매를 할지 고민했다
　　　면 지금은 시장분석을 하고 키워드 선택까지 끝나야 상품개발
　　　을 합니다. 어떤 소비자에게 무슨 상품을 어떻게 설명할지 결
　　　정하고 진행하니 좀 더 체계화 된 느낌입니다. 언뜻 보면 레드
　　　오션은 들어갈 틈이 없는 것 같지만 계속 들여다보면 그 안에
　　　숨어 있는 또 다른 가능성이 보입니다.

글쓴이: 2019년에 큰 이슈였던 매트리스 라돈 검출이 오히려 기회였다고요?

백경운: 아, 그 이야기는 다시 매트리스 깔판이야기를 해야 합니다. 언론에서 연일 이슈였고 소비자분들도 무척이나 예민했어요. 무엇보다 어린아이를 키우는 가정은 더 했지요. 우연히 뉴스를 보았는데 매트리스를 직구하는 소비자가 많다는 소식이었습니다. 그 순간 새로운 틈새시장이 눈에 들어오더라고요.

글쓴이: 좀 이해가 안 됩니다. 구체적으로 설명 부탁드립니다.

백경운: 우리나라 매트리스 규격은 생각보다 획일화 되어 있어요. 미국만해도 많은 사이즈의 매트리스가 있습니다. 그래서 매트리스 직구를 하는 사람들이 국내에서 그에 맞는 침대 프레임을 찾기 어려울 거라 예상했지요. 아니나 다를까 외국에서 매트리스를 수입하는 업체가 저한테 연락을 해서는 자기들을 위한 매트리스 깔판을 만들어 줄 수 있냐고 묻는 겁니다. 그래서 매트리스 직구족을 위한 깔판을 생산하게 되었는데 여기서 매출이 또 커지기 시작했어요.

글쓴이: 어느 곳에서는 초상 분위기였는데 대단한 반전이네요.

백경운: 방사능이 나온다는 매트리스를 처리하지 못해 가득 쌓여간 다는 뉴스보도를 보았는데 저한테는 기존의 매트리스가 버려 지는만큼 시장이 커지는 상황이었습니다. 아이러니 했죠.

글쓴이: 매트리스 깔판이 또 다른 니치마켓을 만들어 줬다는 것은 무 엇이죠?

백경운: 아, 저희 고객님들이 많이 건의 했던 내용인데요. 처음에는 단순 히 그럴 수 있다 생각하다 문의가 반복되니 또 여기서 새로운 틈새 가 보이더라고요. 매트리스 깔판 이 높이 조절이 되면 좋겠다는 거 였어요. 아이성장에 따라 적당한 높이로 조절을 할 수 있다면 판매 가도 좀 더 높일 수 있고, 기존에 없던 상품이라는 '선점효과'도 노 릴 수 있다는 생각이 들었죠.

이젠, 높이도 선택하세요!

침대 높이 5cm~40cm까지 선택이 가능합니다.

매트리스 종류에 따라 침대의 높이도 달라져야 합니다!

이상적인 침대 높이 40~50cm

이상적인 침대 높이 – 매트리스 높이 = 리지트 침대 높이

글쓴이: 반응은 어땠나요?

백경운: 이것도 꾸준한 매출액을 만들어주는 상품으로 개발하게 되었습니다. 높이 조절이 되는 프레임이 작은 시장이라 생각했는데 의외로 많은 분들이 찾습니다. 어린아이는 물론이고 키가 좀 작은 분들이나 노년층에도 소비가 계속 이어졌습니다. 저는 그러고 보면 계속 틈새시장에서 새로운 틈새시장을 만들었네요. (웃음)

글쓴이: 고객의 입소문으로 주문이 들어온 적이 있었나요?

백경운: 네. 있었어요. 19년 여름 즈음인가 저희 깔판을 구매하시고 만족한 블로거분이 글을 잘 써주셨어요.

글쓴이: 협찬 아니고요? (웃음)

백경운: 아, 아닙니다. 그렇지 않아도 그 분 덕에 판매가 너무 잘 되어서 고맙다고 선물 보낼 생각도 했는걸요. (웃음) 인스타그램과 유튜브가 대세라고 하는데 아직 블로그 영향력도 죽지 않았더라고요. 갑자기 주문이 늘어 좀 의아하게 생각하다가 습관처럼 검색해봤더니 새로운 블로그가 눈에 띄었습니다.

백경운: 이 분의 글을 읽고 정말 감사한 마음이 컸어요. 그냥 열심히 하겠다는 말보다 소비자에게 필요한 상품을 적시에 잘 제공하는 것이 더 중요하다는 생각을 다시 하게 되었습니다.

글쓴이: 새로운 성공사례 한 가지만 더 소개해 주실 수 있나요?

백경운: 저는 어쩔 수 없이 계속 신상품을 개발해야 하는 상황입니다. 제가 있는 업계는 신상품 효과가 1년 정도 유지되거든요. 경쟁자가 추격해오면 저는 다시 내달리는 식입니다. 그렇게 출시한 상품이 소파테이블이었습니다.

글쓴이: 상품 구성이 조금 의외네요?

백경운: 우리나라에 대리석 식탁이나 소파테이블이 유행이 지났음에
도 불구하고 가격이 비싼편에 속했어요. 그런데 고가의 안락
의자나 디자인체어의 판매량이 느는 것을 보며 거실에 포인트
를 두고자 하는 소비자가 있다는 판단을 했습니다. 당장 대리
석 공부를 시작했어요. 그리고 포인트가 무얼까 생각하다가 국
내에서는 처음으로 X자 모양의 골드프레임이 들어간 소파테이
블을 출시했습니다.

글쓴이: 반응은 어땠나요?

백경운: 이게 또 성공했어요. (웃음) 처음 골드프레임을 적용할 때 고민
을 좀 했습니다. 사실 집안에 두기 정말 어려운 컬러거든요. 자
칫하면 정말 유치해 보일 수 있어요. 그런데 하나 정도는 포인

트로 두는 가구라고 할까. 그리고 가격도 좀 더 저렴하게 책정해서 가성비도 고려했습니다.

글쓴이: 일종의 오브제 같은 것이군요.

백경운: 그렇죠. 소비자의 인식이 다양하고 빠르게 변한다는 걸 많이 느낍니다. 특히 저는 고객님들이 남기는 리뷰를 항상 집중해서 봅니다. 그 안에 답이 있는 경우가 많아요. 되도록 하나하나 답변을 달아드리려 최선을 다하고 있습니다. 고객님들의 의견을 보면서 제가 생각한 방향성을 시장에 맞게 재조정하고 아이디어를 떠올리죠.

글쓴이: 조금은 예민한 질문이지만 월매출 1억을 돌파한 날을 기준으로 지금까지 매출액이 모두 얼마나 되나요?(웃음)

백경운: 음…. 아마도 150억은 넘지 않나 싶은데요? 170억 되려나요?

글쓴이: 대단한 매출액입니다. 하나 더 여쭤볼게요. 니치마켓을 적중시켰을 때를 여러 번 말씀해 주셨는데 그중 가장 월매출이 높았던 금액은 얼마인가요?

백경운: 그건 비교적 정확히 기억하는데 7억입니다.

글쓴이: 성공을 진심으로 축하드립니다. 앞으로의 계획은요?

백경운: 이제는 좀 더 틈새시장의 소비자 발굴에 힘을 쏟으려 합니다. 돌려 말하면 경쟁사가 잘 모르는 매출처를 개발한다고 할까요. (웃음)

글쓴이: 끝으로 조언을 부탁드려도 될까요? 귀중한 시간을 내어주셔서 감사드립니다.

백경운: 니치마켓을 발견하는 것은 꽁꽁 숨겨진 매력을 발견하는 것과도 같아요. 시장도 분명히 있고요. 저의 관점이지만 작은 틈새의 시장이 어마어마하게 커질 때가 반드시 옵니다. 무엇을 판매할까라는 생각보다 소비자가 무엇이 필요한지에 중점을 두고 고객층을 쪼개고 또 쪼개서 보는게 중요하다고 생각해요. 아까도 말했지만 건달 콘셉트의 옷을 원하는 소비자도 많다는 것에서 큰 인식전환이 왔습니다. 이 때 저는 모든 고객에게 판매하겠다는 생각을 때려치웠습니다. 여러 니치마켓을 발견하다 보니 이런 방식의 추론이 습관이 되어서 이제는 자연스레 새로운 틈새가 보입니다. 소비자의 니즈에 기민하게 반응할 수 있게 되었어요. 처음에 작고 세세하게 보는 습관을 들이세요. 만약 잘 보이지 않는다면 그만큼 정보가 없다는 의미입니다. 어느 정도 정보가 쌓일 때까지 참고 고객을 파악하는 노력을 이어보세요. 보이는 순간이 옵니다.

소비자 파악 ❷ Comparative Advantage 활용

1

Comparative Advantage 활용

커머셜 스크립트의 완성도를 높이기 위해서 Comparative Advantage를 이해할 필요가 있다. 직역하면 비교우위를 파악하는 건데 일종의 대체상품에 대한 방어전략이다. 즉, 경쟁자를 파악해야 하는데, 경쟁의 종류는 2가지로 나눌 수 있다.

다이어트 시장을 예로 살펴보자. 다이어트는 말 그대로 체중을 원하는 만큼 줄여 자기만족을 얻는 시장이다. 우리나라도 식습관이 서구화 되어 체중감량에 대한 소비는 꾸준한 편이다. 그렇다면 다이어트 시장에 발은 누가 들일까.

가장 먼저 떠오르는 것은 다이어트약이다. 약이라고 하면 제약회사가 쉽게 떠오른다. 당연히 여러 제약회사가 경쟁한다. 재료가 천연인지, 부작용은 없는지, 효과는 큰지 여부를 두고 서로 갑론을박을 할 것이다. 같은 업종 간에 서로를 파악하게 되는데 이는 '동종업'의 경쟁자가 된다. 이미 정해진 크기의 파이를 두고 쟁탈하는 식이다.

그렇다면 파이를 다른 곳에서 가져 온다면 어떨까? 동종업에서 경쟁은 그대로 유지하고 나만의 파이를 다른 업종에서 슬쩍 빼오는 것이다. 이종업 경쟁자를 파악한다는 의미다.

다이어트를 위한 가장 전통적인 방법 중 하나가 운동이다. 운동의 종류도 다양해서 수영, 요가, 필라테스, 스피닝 등 운동의 종류를 나눌 수 있다면 더 좋다. 그만큼 니치마켓을 분석할 수 있는 환경이 만들어지기 때문이다. 그런데 좀 더 생각하면 또 다른 이종업이 있다.

지방흡입시술을 하는 성형외과도 엄연히 다이어트 시장의 강자다. 당연히 시술만 아닌 위절제술 같은 궁극의 선택도 있고 한방 침으로도 치료받을 수 있다. 세분화하면 여러 병원들이 열거될 것이다. 여기서 끝난 것 같지만 강력한 경쟁자가 또 있다.

일단 끼니를 굶어 식습관 자체를 바꾸는 고난의 단식원이다. 금욕생활이 몸에 베일 때까지 독한 마음으로 버틸 각오가되어 있는 분들이 찾을 것이다.

다이어트 시장에서 간단히 경쟁자 파악을 해보니 4가지 업계가 나타났다. 소비자는 다이어트를 검색할 때 미리 마음을 정했든 아니든 자신에게 가장 잘 맞는다 생각하는 업종을 선택할여지가 크다. 다이어트의 정석이 운동이라는 것을 알고 있지만, 시간 등을 고려하여 간편하면서도 효과 좋은 방법을 찾게 되고, 이런 가운데 소비자가 다이어트약의 마케팅에 설득되었다면헬스클럽은 잠재소비자를 잃은 것이다.

소비자는 트렌드에 영향을 받으며 검색을 통해 필요한 정보를 이미 과다하게 얻고 있다. 너무나 많은 검색결과에 압도 당하는 일이 잦다. 그만큼 소비자는 대체품을 많이 접하게 된다.

그런데 역설적이게도 공급자는 자신이 누구와 어떻게 대체될지에 대한 분석을 하지 않을 때가 의외로 많다.

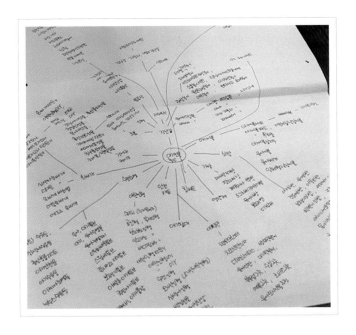

앞에는 예전 한 수강생분이 '출산한 산모의 아기선물'을 주제로 분류한 경쟁자 분류 메모지다. 평소 이에 대한 생각이 많으셨는지 마인드맵처럼 보기 좋게 정리했는데 내용도 상당히 구체적이어서 양해를 얻고 사진을 촬영했다.

우선 1차분류를 보면 기저귀, 장난감, 아기이불, 신발, 가방, 영양제, 아기식탁, 아기침대, 안전매트 등으로 나뉜다. 아기선물이나 출산선물로 축하해주기 좋은 아이템들인데 구분 지어 보면 동종업이 아닌 이종업으로 분류되었다. 그리고 각 아이템별로 다시 세분화되는 과정을 볼 수 있다. 이렇게 기준을 초기에 만들어 두면 다양한 대체상품을 사전에 파악 가능하다. 그리고 트렌드 파악 시 중점적으로 고려할 '대세'와 그 대세에 속한 '상품'을 추려 내기 편하다.

다시 다이어트 시장으로 돌아오자.

Comparative Advantage는 경쟁자와 비교하여 우위점을 소비자에게 어필하는 방법이다. 가령, 제약회사 중 한 곳이 아래와 같은 문구를 작성했다.

> **미국 FDA 인증완료 천연유래성분**

당연히 인증 받지 못한 성분을 사용한 경쟁사는 비교열위에

속하게 된다. 소비자는 합리적인 의심을 하게 되고 열위상품의 안정성에 대한 설명이 구체적이지 않다면 돈을 더 들여서라도 인증 받은 다이어트약을 선택할 것이다.

비교우위(Comparative Advantage)를 좀 더 효과적으로 전달하는 방법은 소비자에게 '불안감'을 각인 시키는 방법이 있다. 이 상품이 아니면 선뜻 선택하기 어렵게 만들 때 사용하면 좋다. 참고로 이해를 돕기 위한 예문 중 관련 의료법 또는 가이드 라인이 엄격한 준수내용은 다소 완화하여 설명한다.

불안감으로 겁주기

'두근거림과 어지러움이 없어요~'
미국 FDA 인증완료 천연유래성분

위와 같이 부작용에 대한 가능성을 표현한다면 소비자는 '다른 다이어트약은 부작용이 자주 발생하나?'라는 생각을 할 수 있다. 아니면 인공성분 자체를 그대로 설명하는 방법도 좋다.

'인공성분 걱정없이, 지방아 잘 가라~'
미국 FDA 인증완료 천연유래성분

비교우위는 경쟁상품에 대해 다른 점을 찾는다는 생각으로 시작하자. 그러기 위해서는 경쟁사의 상품정보를 찾아보는 것이 필요하다.

실제 광고 중인 상세설명을 일부 각색했다. 판매자는 상품에 많은 변화를 주었다고 강조하고 있지만 소비자의 입장에서 몰입할 수 있는 내용을 보기 어렵다. 만약 스판덱스 원단을 사용한 셔츠를 판매하고 있는 판매자가 있다면 여기서 다른 점을 어떻게 표현할 수 있을까.

스판덱스 원단

엄밀히는 '무엇이 좋은지'를 생각해서 다름을 판단하는 것이 좋지만 처음에는 쉽지 않다. 차라리 '무엇이 다른지'를 표현하는 것이 편하다. 마치 소비자가 내게 물어봐서 설명한다고 설정을 해보자.

'스판덱스 원단은 일반 원단과 무엇이 다른가요?'

-A-

원단의 신축성 유무가 다릅니다.

다시 한번 강조하지만 '쉽게 표현하면' 소비자도 쉽게 이해한다. 신축성 있는 원단을 쉽게 표현한다면?

-쉽게 표현한 A-

원단이 쭉쭉 늘어나서 활동할 때 편해요.

그럼 쉽게 표현된 답변을 문구에 적용해 보자.

> **원단이 쭉쭉 늘어나서 활동할 때 편해요!**
> **'기모 셔츠의 혁명'**
> 막강 보온력과 활동성까지 장착한 '기모 남방2탄'
> '품절대란'났던 그 옷이 확~바뀌어 돌아왔다!

맨 첫 번째줄만 '다름을 쉽게 답한' 내용으로 바꾸었는데도 흐름이 자연스럽다. 비교우위의 내용이 있어 다른 셔츠는 활동할 때 불편할 수 있다는 생각을 유도할 수 있다. 그리고 낮은 농도이긴 하지만 소비자에게 불안감을 줄 수 있다. 좀 더 몰입을 유도하고 싶으면 어떻게 겁을 줄 수 있는지를 고려하며 내용자체를 더 과장하는 방법이 있다. 쉽게 설명하면 비교우위의 요소가 없을 때 어떤 나쁜 점 또는 불편함이 있을지를 먼저 제시하고 그 다음 과장하는 것이다.

원단이 쭉쭉 늘어나서 활동할 때 편해요!

-Q-

원단이 늘어나지 않으면 무엇이 나쁜가요?(불편한가요?)

먼저 나쁘거나 불편한 부분을 답한다.

-A-

움직임이 답답하죠.

다음 그 나쁘거나 불편한 부분을 과장한다.

-A-

겨울에는 껴입는 옷이 많으니 움직임이 답답하죠.

위 문구를 적용한 기모셔츠의 글을 보자.

겨울에는 껴입는 옷이 많아 움직임이 답답하죠.
'기모 셔츠의 혁명'
막강 보온력과 활동성까지 장착한 '기모 남방2탄'
'품절대란'났던 그 옷이 확~바뀌어 돌아왔다!

흐름이 나쁘지는 않지만 설명이 조금 끊어진 느낌이다. 이
때 비교우위되는 문구를 아래에 붙여주면 원인과 결과의 내용
으로 논리가 만들어진다.

겨울에는 껴입는 옷이 많아 움직임이 답답하죠.
'기모 셔츠의 혁명'
원단이 쭉쭉 늘어나서 활동할 때 편해요!
막강 보온력과 활동성까지 장착한 '기모 남방2탄'
'품절대란'났던 그 옷이 확~바뀌어 돌아왔다!

그런데 문제가 있다. 글이 길다. 소비자는 짧고 명료한 문구를 좋아한다. 글이 많으면 눈으로 훑기만 할 뿐 읽지를 않는다.

문구 줄이기(다듬기)

짧은 문구일수록 문자가 아닌 이미지처럼 쉽게, 직관적으로 보인다. 없어도 되는 문구를 우선 잘라보자(CUTTING).

겨울에 껴입는 옷이 많으니 움직임이 답답하죠.

아래 괄호친 부분이 커팅(CUTTING)될 글자들이다.

겨울에 (껴입)는 (옷이 많으니) 움직임이 답답하죠.

-AFTER CUTTING-

겨울에는 움직임이 답답하죠.

커팅 부분에서 많은 분들이 물어본다. 이렇게 잘라내도 소비자가 이해하냐는 것인데 소비자는 검색을 하거나 상품을 둘

러볼 때 자신이 상품으로부터 무엇을 기대하는지 이미 알고 있
는 경우가 많다.

연료첨가제 상세설명 중 일부를 각색하였다. 이미지와 단어
만으로도 이 상품이 어떤 장점이 있는지 소비자는 쉽게 추론할
수 있다. 간단하면서도 직관적이다. 커팅은 이런 이유로 복잡한

설명을 줄이고 되도록 소비자가 쉽게 이해할 수 있는 문구를 만드는 과정이다.

원단이 쭉쭉 늘어나서 활동할 때 편해요!

어디를 커팅해야 큰 흐름에 문제가 없을까.

(원단이) 쭉쭉 늘어나서 (활동할 때) 편해요!

소비자가 이미 의류인 것을 알고 보는 경우라면 원단이라는 점을 굳이 설명할 이유가 없다. 상품 이미지만으로도 얼마든지 쉽게 전달할 수 있고 쭉쭉 늘어난다는 설명으로 스판 원단임을 알려줄 수 있다. 조금 불안하다면 상세설명 하단에 '스판덱스 원단'임을 명시하면 된다.

-AFTER CUTTING-
쭉쭉 늘어나서 편해요!

겨울에는 움직임이 답답하죠.
'기모 셔츠의 혁명'

쭉쭉 늘어나서 편해요!

막강 보온력과 활동성까지 장착한 '기모 남방2탄'

'품절대란'났던 그 옷이 확~바뀌어 돌아왔다!

신축성이 있는 '스판덱스 원단'은 의미가 어울리는 '활동성'
단어 앞에 붙여준다.

겨울에는 움직임이 답답하죠.
'기모 셔츠의 혁명'

쭉~쭉 늘어나서 편해요!

막강 보온력과 '스판덱스 원단'의 활동성까지 장착한 '기모남방2탄'

'품절대란'났던 그 옷이 확~바뀌어 돌아왔다!

원래의 문구와 비교를 해보자.

도대체 무슨 일이 발생한건가!
'기모 셔츠의 혁명'

막강 보온력과 활동성까지 장착한 '기모 남방2탄'

'품절대란'났던 그 옷이 확~바뀌어 돌아왔다!

글자 크기 조절하기

문구를 줄이는 연습을 자주하면 도입 부분을 몰입도 있게 만들 수 있다. 대개 2~3줄 내외로 간단하게 만든다. 문자의 크기도 중요한 부분이다. 가장 강조하고 싶은 부분의 글자 크기를 제일 크게 한다. 문구를 처음 볼 소비자가 무엇부터 읽을지 쉽게 알 수 있도록 유도하기 위함이다. 아래처럼 같은 크기의 글씨인 경우 소비자는 위에서 아래로, 순서대로 읽을 확률이 높다.

겨울에는 움직임이 답답하죠.
'기모 셔츠의 혁명'

이 제품의 판매자가 '기모 셔츠의 혁명'이라는 내용을 가장 중요시 했기 때문에 해당 부분을 크게 키우되 처음 문장보다 좌우로 길게 뽑아주는 것도 중요하다.

겨울에는 움직임이 답답하죠.
'기모 셔츠의 혁명'

분명히 아래 '기모 셔츠의 혁명' 문구가 크게 확대되었지만 처음 이 문구를 보는 사람들은 위에서 아래 방향으로 읽어 나갈 것이다. 왜 그런지 정확하게 이유를 꼽을 순 없지만 순서대로 읽어야 편한 느낌이다. 그건 글자 크기와 상관없이 아래 문장의 좌우 길이가 첫 문장보다 짧기 때문이다. 그래서 본문보다 좌우 길이가 더 길어질 때까지 글씨를 키우는 것이 좋다. 물론 편집디자인 전문가의 도움을 받으면 좋겠지만 혼자 만들어 보는 경우를 가정하자.

겨울에는 움직임이 답답하죠.
'기모 셔츠의 혁명'

이 내용을 모르는 사람에게 이 문구를 보여주면 그들의 시선이 두 번째 문장에 가장 먼저 닿는 것을 확인할 수 있을 것이다.

글자 컬러 고려하기

글씨에 색을 넣기도 하는데 문제는 색의 온도에 따라 소비
자의 선호도가 달라지기 때문에 읽는 순서가 뒤집힐 수 있다는
점이다. 전문가가 아니라면 같은 계열의 색에서 옅고 짙은 것으
로 구분하되 먼저 읽어야 할 부분을 진한색으로 하자.

#검정색인 경우   겨울에는 움직임이 답답하죠.
                        '기모 셔츠의 혁명'

#빨강색인 경우   겨울에는 움직임이 답답하죠.
                        '기모 셔츠의 혁명'

#파랑색인 경우   겨울에는 움직임이 답답하죠.
                        '기모 셔츠의 혁명'

삼각형 방식의 문구 정보량

중복되는 단어나 불필요한 미사여구는 줄이는 것이 좋지만 모든 상세설명을 커팅하면 오히려 흐름이 끊어지는 느낌이 올 수 있다. 몰입도를 고려하는 문장의 이후부터는 자연스럽게 정보량을 늘리는 것이 글의 흐름이 자연스럽다.

겨울에는 움직임이 답답하죠.
'기모 셔츠의 혁명'
쭉~쭉 늘어나서 편해요!

막강 보온력과 '스판덱스 원단'의 활동성까지 장착한 '기모 남방2탄'
'품절대란'났던 그 옷이 확~바뀌어 돌아왔다!

피라미드 구조의 뼈대로 보면 세 번째 문장의 적절하지 않은 것 같다. 이럴 땐 세 번째 줄에 '왜' 좋은지를 알려주는 단어를 추가로 넣어주면 된다.

겨울에는 움직임이 답답하죠.
'기모 셔츠의 혁명'
움직일 때 쭉~쭉 늘어나서 편해요!

막강보온력과 '스판덱스원단'의 활동성까지 장착한 '기모남방2탄'
겹겹이 입어도 너무 편해 '품절대란'났던 그 옷이 확~바뀌어 돌아왔다!

피라미드형으로 맞추어 추가한 경우 구조적인 안정감을 만들 수 있지만 상세설명의 상황에 따라 알맞게 변형하길 추천한다.

소비자의 연령대 구분하기

나머지 구체적인 설명은 자유롭게 이어서 쓰면 되나 소비자의
세대에 따라 글의 양을 조절하는 것이 중요하다.

① 블로그를 비중 있게 경험하지 않은 세대(10대 후반~20대)

되도록 이미지당 4~5줄을 초과하지 않는 것이 중요하다. 글
의 내용이 많을수록 집중력을 쉽게 잃는 세대이므로 글자 대신
이미지로 표현해 주는 것이 좋다. 그렇기 때문에 이미지로 전달
할 수 있는 촬영기술이 중요한 세대다. 제품에 맞는 이미지를
고르는 연습은 뒤에서도 다루는데 우선 참고하기 좋은 앱을 소
개한다.

인스타그램 <

인스타그램은 온라인 사진 공유 및 소셜 네트워킹 서비스이다. 사용자들은 인스타그램을 통해 사진 촬영과 동시에 다양한 디지털 필터를 적용하며 페이스북이나 트위터등 다양한 소셜 네트워킹 서비스에 사진을 공유할 수 있다. 위키백과

출시일: 2010년 10월 6일

개발자: Kevin Systrom, Mike Krieger (Burbn, Inc.)

소유자: 페이스북

수상: 쇼티 어워즈 앱

수상 후보 선정: 틴 초이스 어워드 초이스 소셜 네트워크

원작자: 케빈 시스트롬, 마이크 크리거

이미지로만 한정해서 본다면 인스타그램은 일반인부터 전문가 그리고 셀럽까지 다양한 사람들이 연출한 사진을 많이 접해볼 수 있다. 상품전달이 충실한 사진도 필요하지만 공감되거나 호기심이 생기는 구도의 이미지도 많기 때문에 소비자들의 주목을 끌 수 있는 이미지를 고르는 연습을 하고자 할 때 좋은 학습장이 된다.

　　인스타계정 'moong_doong'님의 이미지다. '뭉'과 '둥'이라는 고양이를 키우는 분인데, 반려동물을 키우는 소비자의 시선을 뺏기 충분한 사진이다. 또한 강아지집이나 고양이집을 찾고 있던 소비자라면 판매처를 알기 위해 검색이나 댓글을 남길 것이다.

　　인스타그램의 이미지는 블로그와는 분위기가 사뭇 다르다. 블로그 이미지는 문장 전달력을 보조하는 부분적인 역할이라면 인스타그램은 이미지 또는 짧은 동영상이 주요 역할이고 짧은 문구가 보조적인 수단이 된다. 인스타그램에서 설명이 긴 문장은 되도록 지양하는 분위기다. 참고로 카카오메이커스에서 모나미 153 에디션을 소개하는 상세이미지를 보면 인스타그램 사진 감성이 무엇을 말하는지 확실하게 감이 올 것이다.

부드럽고 안정감 있는 고급 메탈심
또한, 기본 중심이 아닌 FA4000 고급 메탈심을 사용해 내구성과 사용감이 아주 좋다. 기존 심에 비해 잉크양이 많아 필기 지간기가 커 가도 잘할 있는 색상 농도가 진해며 자동심 설계로

② 블로그에서 인스타그램으로 넘어가는 과정을 경험한 세대
   (20대 후반~30대 후반)

간추린 블로그 정도로 이해하면 된다. 기승전결의 무거운 글이 아닌, 가운데 정렬로 요점만 설명하는 방식의 길이가 적당하다. 쉽게 한눈에 훑어볼 수 있는 정도가 좋다. 활용 예시로 스마트스토어 의류판매자인 닥블의 상세설명 중 일부를 가져왔다.

> 따뜻한 기모안감으로 슬림한 스타일의
> 허리밴딩라인으로 편안하게~
> 데일리하면서 스타일리시한 조거팬츠

✓ 뉴시즌 포근하고 따뜻한 기모안감과
슬림하고 편안한 실루엣의
데일리하게 즐기기좋은 카고 조거팬츠에요.

✓ 기모안감으로 따뜻하며,
스판소재로 말랑하고 부드러워
활동하기 아주 편한 스타일이랍니다.

✓ **프론트 버튼**으로 제작되었으며,
뒷 허리부분은 탄탄한 밴딩라인으로
늘어짐없이 편하게 입기좋아요.

✓ 슬릿한 스타일로 군살은 쏘~옥 감싸주고
날씬하고 길어보이는 핏라인을 연출해준답니다.

③ 블로그의 영향을 많이 받은 세대(40대~50대 초중반)

A4 용지 기준 10포인트 크기로 2~3장은 너끈히 소화하는 세대다. 기승전결의 문단구조도 어렵지 않게 읽는다. 전문성이 중요해 올리는 글의 깊이를 검증하는 편이며, 이미지는 거드는 존재로 인식하는 경우가 많다. 때론 무의미한 이미지를 넣어도 용인해주는 세대다. 비교적 충실한 정보를 원하는데 의외로 사

진이 연속으로 나와도 페이지 이탈을 하지 않는 세대다. 한 때 본인이 블로그에 올렸던 2014년 3월 글을 참고해 보자.

④ 저널리스트 세대(50대 중반 ~)

말 그대로 신문기사의 장문이 익숙한 세대다. 길이가 상당해도 꼼꼼히 읽는 편이고 글쓴이의 의도가 무엇인지를 생각하는 세대다. 종이신문의 글자 가득한 전면광고도 거뜬히 소화한다. 할 말 많은 판매자는 속 시원히 할 소리를 다할 수 있다. 다음 신문 지면 광고를 일부 각색한 이미지를 참고하자.

⑤ 스트리밍 & V-커머스 세대

유튜브에 익숙하다면 이 세대는 나이 구분이 무의미하다. 글자는 자막이 전부다. 상세설명은 이미지 플로우와 육성으로 대체된다. 가장 많은 시간과 노력이 들어가는 콘텐츠지만 조금이라도 늘어지게 되면 다른 동영상을 선택해 갈아타는 이탈율이 높다. 그리고 동영상이 멈춰 있을 때 노출되는 '썸네일'의 구성도 중요하다. 이 썸네일 하나가 클릭과 로딩율(제공된 콘텐츠의 평균 시청률)을 좌우한다.

앞의 4개의 채널 중 한국인에게 가장 눈에 띄는 것은 올리버쌤의 '한국인에게 위험한 가루'다. 앞서 보았듯 겁을 주거나 불편함을 느낄 수 있는 문구의 효과적인 사용사례다. 다음으로 눈에 들어오는 것은 머프무비의 영화에 숨어 있는 내용을 알려 주는 채널이다. '매트릭스 속 숨겨진'이란 자막이 큼직하게 보인다. 매트릭스를 봤거나 들어본 사람이라면 몰랐던 재미를 발견할 수 있어 클릭 확률이 높다. Calm Café Music의 스터디 음악은 직관적인 제목을 그대로 표현했다. 이미지도 서정적이다. 반면 Olga Scheps의 콘텐츠는 썸네일 자체가 피아노 연주하는 장면 중 하나다. 의도적으로 검색하지 않는 이상 호기심에 클릭될 가능성은 낮다.

동영상 콘텐츠는 고도의 감이 필요하다. 이미지 슬라이드 방식이나 애니메이션 방식으로 제작한다면 쉽게 질리지 않게 화면을 구성하는 감각이 중요하다. 나래이션을 풀텍스트로 보여 주면서 진행하기 때문에 효과음이나 배경음악도 크리에이터의 구성력이 중요하다.

동영상 촬영은 속도 조절과 자막의 타이밍이 매우 중요하다. 불필요한 부분을 과감히 자르거나 스킵하고 자막을 통해 앞뒤 상황을 쉽게 이해할 수 있는 연결점을 만들어야 한다. 빨리감기 방식으로 완급조절을 하는 방법도 있다. 동영상에서의 자막은 감칠맛을 좌우한다. 긴장감이 떨어지거나 집중이 빠질 때 자막이 재미의 전환감을 줄 수 있다.

개인적으로 추천하고자 하는 콘텐츠는 나영석PD의 프로그램들이다. 화면의 플로우, 맺고 끊음, 과감한 스킵 또는 자막가이드 등 크리에이터가 참고하기 좋은 내용들이 많다.

  동영상의 전반적인 내용을 단독 MC처럼 특정 캐릭터가 좌
우하는 경우라면 장성규의 워크맨이나 펭수 채널도 참고하기
좋다. 이 부분에 대해서는 뒤에서 다룰 실습을 통해 다시 들여
다보자.

2

주장의 근거가 되는
Comparative Advantage

비교우위는 판매자가 주장하는 문구의 근거로도 사용하기 좋다. 소비자는 자발적으로 믿어야 하는 경우 비교적 꼼꼼하게 생각하는 경향이 있다.

농약 no! 껍질째 먹는
피로회복에 좋은 사과

위 문구가 대형마트나 백화점이 아닌 대로변 갓길의 차에서 내건 현수막이라면 소비자는 무농약 사과를 심리적으로 '믿고' 구매해야 한다. 말 그대로 판매자의 양심에 좌우된다. 만약 이 판매자가 실제 인증을 받은 상황에서 이를 어필하고 싶을 때를 가정해 보자.

농약 no! 껍질째 먹는
피로회복에 좋은 사과
-도지사인증을 받은 무농약 농산물입니다-

내용을 보면 농약이 없는 것은 물론 피로회복도 검증된 듯한 인상을 준다. 좋은 문구는 소비자의 반응이 즉각적으로 온다. 소비자가 도지사인증이 궁금하거나 사과가 왜 피로회복이 좋은지 묻기 시작하면 소비자와 판매자간의 소통이 시작된다. 성공적인 오프닝이다. 오프라인 매장으로 비유하면 고객이 문을 열고 들어와 상품정보를 묻는 정도의 레벨이다.

입냄새 없는 아침

자기 전에 덴티스테

-임상실험 피험자의 83%, 사용 7일후 개선효과-

실제 판매 중인 치약브랜드의 문구를 인용했다. 취침 전 자신의 상품을 사용하면 무엇이 좋은지를 비교우위 내용을 통해 근거를 제시한다. 소비자에게 구매논리를 제시한다는 점에서 비교우위는 활용성이 좋다.

그렇다면 동종업 경쟁자는 물론 이종업 경쟁자까지 파악해서 내가 가지고 있는 비교우위가 무엇인지를 알아야 한다. 경쟁자 파악이 어렵다는 분들이 많은데 여기 아주 간편하게 파악할 수 있는 방법이 있다.

바로 포털 사이트의 광고를 검색하는 것이다.

광고는 비용의 싸움이기 때문에 판매자들이 고민을 거듭해서 내놓은 결과물이다. 특히 키워드광고는 다양한 업체를 한눈에 파악하기 쉬워 우선적으로 추천한다.

광고비 입찰을 높게 한 업체부터 우선적으로 노출이 되며, 화면 하단 오른쪽을 보면 '더보기' 버튼이 있는데, 버튼을 클릭

하면 더 많은 광고 업체를 쉽게 확인할 수 있다. 첫 페이지 우선 순위에서 밀렸을 뿐 엄연히 광고 중인 업체들이다.

'다이어트'로 검색했을 당시 광고 중인 업체는 총 489 곳이었다. PC기준 총 25페이지에 달했는데 다양한 경쟁업체를 확인할 수 있는 간편한 방법이다. 당연히 사이트 방문도 권한다. 동종업경쟁자는 어떤 내용으로 소비자 어필을 하는지, 이종업 경쟁자는 어떻게 나를 대체하려 하는지 한번에 확인하기 좋다. 당연히 상세설명을 보거나 문구들을 확인하며 Comparative Advantage를 파악할 수 있음은 물론이다.

실제 다이어트 광고사례를 비교해보자. 그래픽으로 일부 각색했다.

상품 전달에 주목적을 둔 전형적인 광고사례다. 이 광고에는 소비자가 몰입할 수 있는 문구나 설정은 없다.

강의 중에 수강생들에게 위의 포스터를 대상으로 어떤 비교우위를 추출할 수 있는지 물어보았다. 이에 대한 다양한 대답이 나왔으나, 대개 다음과 같은 답변이 주를 이루었다.

1. 다이어트는 20~30대에서 니즈가 가장 많을 것이다.

2. 다이어트는 아무리 늦어도 5월 안에는 시작해야 한다.

3. 시기상 노출이 많아지는 여름에 다이어트를 많이 한다.

이에 대해 어떻게 '다름'을 강조할 수 있는지에 답이 이어졌다.

1. 여름이면 해변이나 수영장이 떠오른다.

2. 해변이나 수영장은 상징적으로 비키니가 떠오른다.

3. 다이어트는 절대로 즐거울 수 없다.

4. 다이어트약을 섭취하는 것에 동기부여 되는 문구가 있으면 좋을 것 같다.

위 내용을 그대로 반영한 듯한 광고를 살펴보자.

  만약 두 광고 포스터가 나란히 있었다면 어디가 더 많이 선택 되었을지 쉽게 예상할 수 있다. 비교우위 전략은 크게 두 가지로 구분 지어 활용하자.

1. 다르게 표현하되 공감할 수 있게 표현한다면 그 자체가
   비교우위가 된다.
2. 실제로 비교우위 요소가 있다면 이를 적극 활용한다.

05

소비자 파악 ❸ Customer Rewards 제시하기

1

Customer Rewards 제시하기

커머셜 스크립트 작성의 마지막 단계이면서 동시에 가장 어려운 부분이다. 소비자가 구매를 결정하는 데에는 이유가 분명히 있다. 소비자를 가장 쉽게 몰입 시킬 수 있는 방법은 쓴 돈에 대한 보상을 제시하는 것이다. 보상이 소비자에게 어필이 되고, 이를 자기설득 시키는 과정을 거치게 하면 해당 상품이나 서비스를 구매해야 하는 강한 논리가 만들어진다. 이 소비논리가 강할수록 구매에 대한 만족도가 올라가고 재구매의사도 가질 수 있다. 이 과정이 전략적이며 반복적이고, 체계적인 규모화로 이어지면 브랜드가 태어나는 것이다.

샤넬 홈페이지 중 일부다. 핸드백에 관심이 많은 소비자라면 샤넬이 주는 '소유 그 자체에 대한 만족감'은 상당히 클 것이다. 제품원가와 기능 대비 상당한 고가임에도 소비는 꾸준히 되는 브랜드다.

스포츠카 브랜드인 포르쉐다. 마음에 드는 옵션을 계속 추

가하면 차 판매가의 30~40% 정도 금액이 가산된다. 그럼에도 이 자동차의 수요는 꾸준하고 몇 모델의 경우엔 많게는 10개월 정도의 대기를 해야 한다. 대기 명단이 많아 일부러 차량 인수일을 늦춘다는 루머가 나올 정도이다.

지금 본 두 브랜드는 소비가 곧 만족을 주는 레벨이다. 애플의 아이폰이 그렇고 신라호텔의 럭셔리한 하루 숙박이 그렇다. 소비자의 소비에 대한 보상이 소비 그 자체다. 이런 이유로 업체들은 럭셔리 브랜드로 만들기 위한 노력을 적극적으로 한다. 브랜드로 라이프사이클이 적용되기 때문에 럭셔리 브랜드도 그 명맥을 유지하는 데 상당한 에너지를 쏟고 있다.

반면 브랜드 파워가 럭셔리 브랜드처럼 독과점시장의 형태가 아닌 경우, 소비를 촉진하기 위한 적극적인 마케팅을 수반하게 된다. 경쟁상품과 대체상품의 사이에서 소비자에게 어필할 수 있는 Rewards(보상)를 구상하게 된다.

[12B][G] 키엘 NEW 울트라 훼이셜 크림 점보 세트(+모바일상품권 5천원 증정) 外

혜택가 **70,200**원 外 10%

현대홈쇼핑에서 판매촉진을 하는 상품 중 화장품 '키엘'의 리워드다. 모바일상품권과 할인율을 제시해 자신의 채널을 통해 소비하도록 권유하고 있다. 키엘은 다른 화장품 브랜드의 대체상품을 막기 위한 마케팅을 내놓고, 현대홈쇼핑은 다른 홈쇼핑 또는 인터넷 채널보다 혜택이 크다는 인식을 심어주어야 할 것이다.

소비자 보상(Rewards)의 가장 단적인 예는 혜택이나 사은품을 많이 주고 가격은 저렴하게 받는 방법이다. 그러나 경쟁시장에서 언제까지나 최저 가격을 제시한다는 것은 재무적으로 영업이익의 감소 또는 원가상승의 원인이 된다. 자본시장에서 배당 또는 차익실현을 바라는 주주의 존재를 무시할 수 없다. 영업이익이 떨어지는 기업에 대출을 저금리로 계속 제공할 금융기관도 드물 것이다. 그런데 모든 상품이 최저가가 아니어도, 세금, 사은품 등의 비용이 상품가격의 50%에 육박해도 아직까지 시장규모를 키우는 존재가 있다.

홈쇼핑이다. 방송을 보면 쇼호스트의 현란한 말솜씨를 보고 듣게 된다. '이번 해 마지막 구성', '이번 판매에 특별히 추가된 사은품', '역대 최저가 상품구성' 등 소비 자체에 대한 리워드를 강조한다. 사실 이 기준은 홈쇼핑의 자사기준이지 시장전체의 조건이 아니다. 인터넷이 더 저렴한 경우도 많다. 그럼에도 소비자는 홈쇼핑에서 구매를 한다. 쇼호스트의 설명에 보상받는 기분이 들고 몰입되기 때문이다. 그리고 홈쇼핑에는 강력한 소비 리워드가 있는데 바로 할부기간이다. 장기할부는 악성연체 등 대손율이 높기 때문에 카드사는 위험부담이 있음에도 상당한 소비량을 끌어오는 홈쇼핑의 규모화 된 결제액을 외면하기 어렵다. 경쟁 카드사는 장기할부를 제공하는데 우리 카드사만 예외시키기엔 어려움이 있다. 이 금융시스템은 소비자에게도 매력적이다. 목돈 드는 자동차, 전자제품 등을 수십개월 이상의 '무이자할부'로 대체할 수 있어, 지금 당장 제품의 효능을 사용하면서도 금액에 대한 부담을 줄일 수 있다. 매년 물가가 올라 화폐가치가 떨어지니 매월 같은 금액이라 해도 1~2년 뒤의 할부금은 지금보다 부담도 덜 할 것이란 생각이다. 하지만 해당 상품의 진부화는 물론 감가상각까지 미처 고려하지는 못한다.

그렇다면 어떻게 리워드를 제시해야 할까?

　한우 구매를 유도하는 포스터를 일부 각색했다. 전형적인 애국마케팅이기도 하다. 그런데 구매에 대한 리워드를 발견하기 어렵다. 딱히 이 업체에서 한우를 사야할 설득 요소를 발견할 수 없다.

놀라운 품질
확실히 싼 가격

한우
에살다

　역시 실제 광고를 각색한 또 다른 한우 포스터다. 두 가지
의 리워드를 제시한다. 선도, 맛 등을 암시하는 '놀라운 품질'이
라는 리워드와 최저가는 아니지만 '확실히 싸다'라는 리워드다.
아무리 저렴하다 한들 한우가 수입산 소고기보다 비쌀 수 밖에
없다. 하지만 리워드 로직이 있다. 몇 개월을 배 타고 넘어온 수
입쇠고기 보다 신선한 고기를 좋은 가격에 살 수 있다는 암시
다. 식자재의 선도가 중요한 소비자에게는 어필하기 좋다.

Customer Rewards

리워드를 어떻게 제시해야 할지 묻는 분들이 많다. 그만큼 난이도가 최상이다. 지금까지 설명한 여러 절차를 간추려 보자.

1. 판매할 상품 또는 서비스에 대한 기본정보 파악
2. 유튜브를 활용한 트렌드 파악 + 소비자 세분화
3. 포털 사이트를 활용한 쇼핑 콘텐츠 파악 + 세분화된 소비자 시장검색
4. 키워드광고를 활용한 동종업 경쟁자 및 이종업 경쟁자 파악 + 비교우위 추출
5. 소비자 보상 제시
6. 삼각형 형식으로 플로우 구성

실제 개선된 상세설명 전후의 변화를 확인해보자. 수강생 김지연씨의 사례다.

청정자연 아일랜드에서 자란
'230년 전통'

플라하반 오츠(귀리)
FLAHAVAN'S OATS

'Great Taste Award'
수상에 빛나는 뛰어난 맛과 품질

귀리가 자라기 좋은 최적의 환경에서 자라,
다른 나라 귀리 대비 지방을 31% 낮추다!
Stress-Free 오트~

　모두가 읽기에는 부담 없는 내용이지만 리워드 로직이 없다. 비교우위가 포함되어 있지만 어필이 강하지 못하다. 당시 웹디자이너였던 지연씨는 소비자 분류를 시작했다. 귀리껍질(오트밀)이 포만감이 오래가고 섭취 후 다른 음식에 비해 잠이 덜 온다는 특징을 제시하며 다이어트 하는 사람과 고3수험생으로 소비자를 구체화했다. 다이어트는 '구매당사자' 그리고 고3수험생은 '갑을관계#1'이 된다. 그 중 다이어트 소비자를 대상으로 한 도입부를 보자.

상세설명의 구획을 주어 문단을 구분하고 한 테마당 5줄을 넘기지 않게 표현했다.

도입부의 첫 줄은 불안감 조성이다. 다이어트 하고 오히려 살이 더 쪘다는 카톡이고 요요 때문에 그렇다는 답문의 톡이다. 글씨 크기가 커지면서 그 불안감을 평생 다이어트만 하고 살거냐는 질문으로 강조하며 잇는다. 그리고 바로 이어지는 리워드로 '요요 없는 다이어트 + 오트밀' 내용을 축약한 문구가 나온다. 아래 작은 글씨로 나온 섭취 시 장점도 리워드가 된다.

그 밑으로는 텁텁해 보이는 오트밀이 아닌, 블루베리와 바삭한 견과류가 들어간 오트밀 이미지가 나오고, 섭취 시 어떤 리워드가 있는지를 제시하고 있다. 분명히 정보의 내용은 많은데 쉽게 읽힌다. 이유는 두 가지다.

1. 상세설명의 문구 구획을 구분하고 한 테마당 5줄을 넘기지 않게 표현했다.
2. 이미지 배치를 주어 시각적으로 의미를 전달했다.
   ① 아기 돼지 : 요요 실패한 사람
   ② 조리 사진 : 생각보다 의외로 맛있다.

이 오트밀 브랜드는 오프라인에서 인지도가 상당했지만 그것이 온라인 매출로 매끄럽게 이어지지 않아 판매자가 고민이었다. 백화점에서 행사를 할 때마다 반응이 좋았지만 온라인 마켓에서는 경쟁품(같은 브랜드의 가격경쟁)과 대체품(다른 브랜드)이 즉시 검색되는 환경이었기에 판매가 어려웠다.

오트밀 검색 결과에서 상품 등록수만 약 20만 개다.

많은 소비자가 최저가를 선호하는 것은 맞지만 어떻게 몰입을 주고 설득을 시키느냐에 따라 가격이 비싸도 얼마든지 판매량을 증가시킬 수 있다. 오트밀을 예로 들면 상품의 조합으로 다이어트 극대화를 말하거나 기간별 또는 용량별로 상품을 구분할 수도 있다.

　　지연씨는 상품의 식감과 간편성을 기준으로 분류를 했다. 전직이 웹디자이너여서 그런지 글자의 구성과 색감 그리고 그래픽의 조화도 자연스럽다. 리워드는 다시 이어진다.

　가격할인을 제시하고 휴대가 필요한 소비자를 대상으로 용기를 선물한다. 오트밀 전용 용기가 있어 외출 시에도 가볍게 챙겨 나갈 수 있는 편의성을 강조할 수 있다. 또한 다이어트 시 중요한 포만감도 이미지 사진에 추가 설명을 덧붙여 소개했다.

　지금의 트렌드로 봐도 상당한 수준인데 이 사례는 대략 6년 정도 전에 만들어 졌다. 오래전 일이지만 상세설명을 변경하고 몇 개월 뒤에, 판매량 변화에 대해 나눴던 기억이 아직도 생생하다. 판매수치까지도. 이 자리에서 금액을 구체적으로 밝히지는 못하지만 상세설명 변경 전후 대략 온라인 매출 기준 30배 정도 차이가 있었다. 상세설명만 바뀌었을 뿐인데 말이다.

2

리워드는
어떻게 추출하는가?

소비자의 니즈가 워낙 다양하고 원츠(Wants)도 많기에 범위를 한정하기 어렵다. 경우의 수가 너무 많아 하나의 일률적인 공식을 적용하기엔 무리가 있지만 많은 분들이 의외로 간과하는 부분이 있어 짚고 넘어간다.

다음은 강의를 할 때마다 불쑥 묻는 말 중 하나다.

왜 OO상품을 당신한테서 사야 하죠?

갑작스럽게 훅 들어오는 심도 깊은 질문인터라 당황스러운 표정을 짓는 분들이 많다. 답변을 계속 기다리고 있으면 결국 답하는 종류는 대개 이렇다.

1. 원료가 좋다. 정품이다. 에디션이다.

2. 어떤 인증이 있거나 유명인 누가 사용했다.

3. 가격이 저렴하다. 스타일 상품이다. 할인을 해준다.

4. 우리만 판매하고 있다.

5. 내 쇼핑몰을 방문 한 사람은 결국 내 상품이 필요한 사람들이다.

6. 공급처가 지인 또는 친인척이다. 저렴한 공급이 가능하다.

7. 아직 판매하기 전이다.

8. 당연한 것을 묻는다. 알고는 있지만 막상 그리 질문하니 답하기는 어렵다.

그렇다면 이를 소비자에게 똑같이 질문해 보면 어떻게 답할까? 아래의 대화는 강의 중에 소유하고 있는 물건의 구매 이유를 묻고 답한 내용이다.

Q : 이 아이폰은 왜 구매하셨어요?

A1 : 디자인이 예뻐서요.

A2 : 보안이 확실해서요.

Q : 경유차를 왜 구매하셨어요?

A1 : 연비가 좋고 힘도 좋아서요.

Q : 이 필통은 왜 구매하셨어요?

A1 : 저렴해서요.

Q : 이 아이패드는 왜 구매하셨어요?

A1 : 스마트폰보다 큰 화면에서 영상을 보고 싶어서요.

A2 : 필기 하기가 생각보다 편해서요. 종이도 필요 없고.

누구나 생각하고 있는 뻔한 내용이지만 소비자는 구매 이유가 분명하다. 그런데 기획하는 입장이 되면 갑자기 머리가 복잡해진다. 평소 때 하던 생각들도 떠오르지 않는다. 이럴 때는 소비자에게 왜 ○○(행위)을 하는지 묻고 어떤 답을 할지 생각해 보자.

왜 재수를 결심했나요?

왜 수능 재응시(반수, 삼수, 사수 등)를 하나요?

수강생 : (원하는) 00학교에 가고 싶어서요. (갑을관계#2)

부모님 : 우리 아이 00학교 보내고 싶어서요. (갑을관계#1)

*수강생이 '갑을관계#2'로 구분되어 있는 경우는 부모님이 비용을 지급하기 때문

대개 원하는 대학 합격이 재수 또는 재응시의 이유가 될 것이다. 소비자는 행위 이유가 명확한 반면 판매자는 그 이유를 풀어서 장황하게 설명하려는 경우가 많다. 그리고 결론을 암묵적으로 표현하거나 생략하는 경우 역시 많다. 아래 예시를 살펴보자.

1. 우리 학원은 엄격한 학습관리를 합니다.

2. 이번에 스카우트한 영어, 수학 선생님이 정말 유능합니다.

3. 문제를 풀 때까지 엄격하게 반복 자습을 시킵니다.

4. 정기적인 모의고사를 실시합니다.

자, 그럼 위의 예시를 모두 잘 이행했을 때 따라오는 결론은
무엇일까.

대학합격

실제 상세설명을 사례로 확인해 보자.

대한민국 최고의 커리큘럼(TACTICS)이 최고의 강사진(MAC)
과 만났습니다. 온종일 스파르타 커리큘럼으로 독보적인 존재
감을 지닌 택틱스 정규반에 대한민국 TOP강사라인이 구축되
었습니다. 최고의 강의와 독보적인 학습관리로 반드시 수강생
의 목표달성을 이루어 내겠습니다.

비교적 글자수가 많다. 이 상세설명을 요약하는 문구를 어
떻게 만들어야 할까. 지금 이 글을 보는 사람은 이미 '대학합격'
이라는 정답을 알고 있다. 원래의 문구를 보도록 하자.

I'M NOT WHAT I WAS!

대한민국 최고의 커리큘럼(TACTICS)이 최고의 강사진(MAC)과 만났습니다. 온종일 스파르타 커리큘럼으로 독보적인 존재감을 지닌 택틱스 정규반에 대한민국 TOP강사라인이 구축되었습니다. 최고의 강의와 독보적인 학습관리로 반드시 수강생의 목표달성을 이루어 내겠습니다.

과연 소비자는 이 글을 읽는 즉시 호기심으로 몰입할 수 있을까? '예전의 내가 아닌 나'는 결국 대학합격의 부분적인 이유일 뿐이다. 왜 재수/재응시를 하는지에 대한 명확한 메시지가 아니다. 그러면 앞서 보았듯 CUTTING을 해보자. 위의 원문에 연필로 표시를 해보고 아래 내용과 비교해 보자.

대한민국 최고의 커리큘럼(TACTICS)이 최고의 강사진(MAC)과 만났습니다. **온종일 스파르타** 커리큘럼으로 독보적인 존재감을 지닌 택틱스 정규반에 대한민국 TOP강사라인이 구축되었습니다. 최고의 강의와 독보적인 학습관리로 반드시 수강생의 **목표달성**을 이루어 내겠습니다.

상세설명에서 대학합격을 대놓고 설명하지 않았으므로 가장 근접한 단어를 찾으면 맨 마지막 줄의 '목표달성'이 수능에 재응시 하는 이유가 된다. 그 목표달성을 '온종일 스파르타'라는 특징과 이어주면 좀 더 구체적인 의미가 된다.

목표달성! 온종일 스파르타

대한민국 최고의 커리큘럼(TACTICS)이 최고의 강사진(MAC)과 만났습니다. 온종일 스파르타 커리큘럼으로 독보적인 존재감을 지닌 택틱스 정규반에 대한민국 TOP강사라인이 구축되었습니다. 최고의 강의와 독보적인 학습관리로 반드시 수강생의 목표달성을 이루어 내겠습니다.

소설, 에세이 등의 작문이라면 단어를 중복하지 않고 풀어내는 게 중요하지만 커머셜 스크립트는 반복을 통한 각인이다. 상세설명과 단어가 겹치는 것을 신경 쓰지 않도록 하자.

재응시하는 이유를 맨 처음에 제시하면 그 근거를 아래에서 자연스럽게 설명하는 흐름이 된다. 사실 최고의 커리큘럼, 최고의 강사진은 여느 스파르타 학원에서도 제시할 수 있는 내용이므로 좀 더 구체적으로 설명해 주면 좋다.

우선 소비자 분류를 해보자. 원문의 내용을 보면 학생에게 말하기 보단 부모님에게 어필하는 분위기다. 그렇다면 '갑을관계#1'이 된다. '갑'이 만족할 만한 내용을 구성하되 '을'의 니즈를 투영시켜준다.

그럼 이번에는 스파르타 학원에게 물어 보자. 기획하는 입장에서는 자문자답이 된다. 꼭 자문자답의 내용을 글로 작성하고 그 중 좋은 내용이라 생각되는 부분을 오려내거나 수정하면 좋다. 다음의 전개는 글쓴이의 생각이지만 예상할 수 있는 범위 내의 답을 적었다.

Q : 을이 스파르타 학원을 왜 다녀야 할까?

A : 강제적인 스파르타 과정이라서 공부하는 시간이 늘어나고 공부 습관이 바뀐다.

Q : 왜 최고의 강사진인가?

A : 우리가 지금까지 스파르타학원을 운영하면서 노하우가 쌓였다. 단과학원 강사와 스파르타 강사는 캐릭터가 다르다. 학생관리를 끈기 있게 해야 하고 학습도 이해될 때까지 반복 지도하는 것이 중요하다. 우리는 그런 강사진을 만들었다. 그래서 최고의 강사진이다.

추출

스파르타 강사는 끈기 있는 학생관리와 이해될 때까지 온종일 반복해 지도하는 게 중요합니다. 우리 학원은 그간의 노하우를 최고의 강사진에 녹였습니다.

Q : 왜 최고의 커리큘럼인가?

A : 대학교별 커리큘럼 전략이 다 준비되어 있다. 4년제, 수도권, in서울까지 학생의 수준에 맞추어 최선의 결과를 만들 수 있는 우리만의 커리다. 그래서 최고의 커리큘럼이다.

추출

4년제, 수도권, in서울까지 대학별 전략이 준비되어 있습니다. 학생의 목표달성을 위한 합격의 커리큘럼을 제시합니다.

위에서 추출된 내용을 그대로 이어보자.

스파르타 강사는 끈기 있는 학생관리와 이해될 때까지 온종일 반복해 지도하는 게 중요합니다. 우리 학원은 그간의 노하우를 최고의 강사진에 녹였습니다. 4년제, 수도권, in서울까지 대학별 전략이 준비되어 있습니다. 학생의 목표달성을 위한 합격의 커리큘럼을 제시합니다.

문단을 보면 스파르타 과정을 거치며 대학합격을 이룬 '을'의 모습이 투영되어 있다. 이런 스파르타 학원을 보내기로 결정하는 부모에게도 원문에 비해 전달이 구체적이다. 원래의 커팅 문구를 붙이자.

> ↘
> ### 목표달성! 온종일 스파르타
> 스파르타 강사는 끈기 있는 학생관리와 이해될 때까지 온종일 반복해 지도하는 게 중요합니다. 우리 학원은 그간의 노하우를 최고의 강사진에 녹였습니다. 4년제, 수도권, in서울까지 대학별 전략이 준비되어 있습니다. 학생의 목표달성을 위한 합격의 커리큘럼을 제시합니다.

아래 처음의 원문과 다시 비교해보자.

> ↘
> ### I'M NOT WHAT I WAS!(나는 예전의 내가 아니다!)
> 대한민국 최고의 커리큘럼(TACTICS)이 최고의 강사진(MAC)과 만났습니다. 온종일 스파르타 커리큘럼으로 독보적인 존재감을 지닌 택틱스 정규반에 대한민국 TOP강사라인이 구축되었습니다. 최고의 강의와 독보적인 학습관리로 반드시 수강생의 목표달성을 이루어 내겠습니다.

이 과정을 처음 보는 독자분은 난이도가 상당히 어렵다는 생각을 할 수 있다. 커팅을 하고 보니 문구의 밸런스가 맞지 않거나, 논점 이탈이 느껴졌거나 혹은 좀 더 구체적으로 내용 보완을 해야겠다는 생각이 든다는 것이다. 하지만 지금까지의 경험을 보면 커팅을 반복하는 습관만 일단 만들어지면 후에 원문 수정을 쉽게 하는 분들을 많이 봐왔다.

왜?

위의 의문사를 소비자에게 가상으로 묻고 내 자신도 자문자답을 해보자. 소비자의 답은 '왜'에 대한 '결론'을 추출해야 한다. 절대로 '과정'으로 답하면 안 된다. 그런데 이 정도 단계에서 자주 하는 질문이 있다.

'어떻게 한마디로 단정할 수 있나?'

커팅의 목적은 긴 문장에서 리워드를 짧고 강렬하게 제시하는 데 목적이 있다. 문장이 길고 여러 문구가 나오면 판매자가 쉽게 지나치며 적었던 여러 리워드들을 추출할 수 있다. 한 문장에서 두 세 개의 리워드가 커팅 될 때도 많다. 이렇게 리워드가 여러 가지가 나오면 우선순위를 정해야 하고 가장 어필하고 싶은 리워드를 최우선으로 배치해야 한다. 이는 홈쇼핑에서도 사용하는 로직이기도 하다. 열거하는 장점 중 다양한 선호가, 다양한 순서로 소비자에게 어필된다. 예를 들어 에어컨을 판매할 때 홈쇼핑에서 제시하는 리워드를 가정해 보자.

[제시하는 리워드]

바람이 강해 쾌속냉방이 됩니다. 넓은 공간도 빠르게 시원해지죠.
설정온도에 이르면 무풍으로 모드를 바꿔 춥지 않게 합니다.
무풍모드는 열대야가 심할 때 쾌적한 수면을 할 수 있죠.
바람세기 조절이 되어 전기료도 많이 절감됩니다.
곰팡이 냄새가 나지 않도록 자동건조 후 종료됩니다.
영유아도 안심하고 재우세요.
소음을 최소화하여 TV시청이나 독서를 할 때도 방해되지 않습니다.

[시청하는 소비자군]

에어컨 소음이 커서 거슬리는 소비자
아이를 낳고 처음으로 여름을 맞이하는 부모

에어컨의 냉기가 몸에 부담되는 소비자
에어컨이 오래 되어 매년 전기료가 고민인 소비자
온도 조절이 되지 않아 자다 깨는 소비자

　줄잇기 문제처럼 서로를 이으면 다양한 선호가 다양한 순서로 적용될 수 있음을 알 수 있다. 때문에 처음에는 리워드를 커팅할 수 있는 감각을 키우는 것이 중요하다.

소비자가 구매를

결정하는 데에는

이유가 분명히 있다.

3

리워드
CUTTING 실습

이제부터 실습을 진행해 보자. 글쓴이의 답안이 무조건 정답은 아니다. 단지 독자가 감각을 익히는데 도움이 되었으면 하는 마음이다. 우선 연필로 리워드 커팅 연습을 해보고 잇따라 나오는 풀이 내용과 비교해 보자. '왜'라는 질문의 문답은 해당 상세설명에 국한하여 답을 얻었다.

토익 상세설명

토익RC 시간이 부족한 것은 PART 7을 못 해서가 아니라
PART 5,6을 푸는 시간이 너무 오래 걸리기 때문입니다.
정OO 선생님만의 풀이비법을 배우면
어느덧 토익RC 시간이 남게 되는 경험을 하게 될 것입니다.

#가이드라인
Q : 왜 토익 응시생은 시간이 부족한가?
A : PART 5,6 푸는 시간이 오래 걸려서

Q : 왜 정OO 수업을 들어야 하는가?
A : 토익 PART 5,6 시간이 남는 풀이비법이 있어서

소비자 분류: 구매당사자, 갑을관계#1, 갑을관계#2 모두 해당

구매당사자 : (학원비를 직접 결제할 수 있는) 토익 응시 당사자
갑을관계#1 : 취준생, 고등학생, 고시생 등 결제능력이 비교적 열악
            한 소비자의 부모님(을의 낮은 비중)
갑을관계#2 : 취준생, 고등학생, 고시생 등 결제능력이 비교적 열
            악한 소비자로 누구에게 부탁해야 하는 상황 (을의
            높은 비중)

직장인 반 : 구매당사자 비중이 가장 높다. 스크립트 전개를 1인칭
            시점에서 주로 구성해야 한다.
대학생 반 : 갑을관계#2, 구매당사자가 골고루 섞여 있다. 장점을
            다양하게 열거하는 방식으로 스크립트 전개를 진행
            해야 한다.

토익RC 시간이 부족한 것은 PART 7을 못 해서가 아니라

PART 5,6을 푸는 시간이 너무 오래 걸리기 때문입니다.

정OO 선생님만의 **풀이비법**을 배우면

어느덧 토익RC **시간이 남게 되는** 경험을 하게 될 것입니다.

문구는 줄일수록 한눈에 잘 들어오므로 '시간이 남게 되는'

을 '시간이 남는'으로 한 번 더 커팅을 해주면 좋다.

시간이 남는 풀이비법

토익RC 시간이 부족한 것은 PART 7을 못 해서가 아니라

PART 5,6을 푸는 시간이 너무 오래 걸리기 때문입니다.

정OO 선생님만의 풀이비법을 배우면

어느덧 토익RC 시간이 남게 되는 경험을 하게 될 것입니다.

Case 2 **중고등학생 공부 책상**

모니터 받침대와 책꽂이 등으로 이용할 수 있는 선반이 설치되어 있어

눈높이에 맞춰 모니터의 독서대 등을 설치할 수 있으며

더욱 편한 자세를

취하도록 하여 공부에 집중할 수 있도록 도와드립니다.

#가이드라인

Q : 왜 공부 책상을 부모님이 구매하는가?

A : 자녀들이 공부를 오래할 수 있으면 좋으니까.

Q : 왜 내가 판매하는 책상을 사야 하는가?

A : 내 책상은 자세가 편하고 집중력이 올라가니까.

소비자분류: 갑을관계#1

모니터 받침대와 책꽂이 등으로 이용할 수 있는 선반이 설치되어 있어

눈높이에 맞춰 모니터의 독서대 등을 설치할 수 있으며

더욱 **편한 자세**를

취하도록 하여 **공부 집중력이 향상**될 수 있도록 도와드립니다.

'공부집중력'과 '집중력'은 같은 맥락이므로 한 번 더 커팅

한다.

편한 자세, 집중력 향상

모니터 받침대와 책꽂이 등으로 이용할 수 있는 선반이 설치되어 있어

눈높이에 맞춰 모니터의 독서대 등을 설치할 수 있으며

더욱 편한 자세를

취하도록 하여 공부에 집중할 수 있도록 도와드립니다.

마늘은 인체의 건강을 종합적으로 보강해주는 부작용이 없는 식품입니다. 고대에서 현대까지 인체에 이롭다는 기록과 문헌이 많이 있습니다. 마늘이 산삼과 같이 희귀하고 구하기 힘든 식물이었다면 산삼보다 몇 십배 값비싼 식물이 되었을 것이라고 학자들은 말하고 있습니다.

#가이드라인
Q : 왜 마늘을 먹어야 하는가?
A1 : 부작용이 없으니까.
A2 : 인체에 이롭다는 문헌이 많으니까.
A3 : 산삼보다도 귀할 수 있었던 식물이니까.

Q : 왜 나의 마늘을 먹어야 하는가?
A : (상세설명에는 제시되지 않았음. 이럴 때는 자문자답을 할 수 있는 스크립트를 보강해야 함)

소비자분류 : 구매당사자, 갑을관계#1, 갑을관계#2 모두 해당
전체설명 : 부모님, 아이들, 가족, 친척, 친구, 연인, 학회, 연수 등 다양한 구성이 있음

구매당사자 : 리조트에 여행 온 구성원 중 메뉴선택권이 있는 소비자
갑을관계#1 : 아이를 둔 부모, 학회/연수/세미나 주최자
갑을관계#2 : 접대, 부모님을 모시고 온 가족 등

#수강생 남경아 님의 실제 연습 사례

마늘은 인체의 건강을 종합적으로 보강해주는 **부작용이 없는** 식품입니다. 고대에서 현대까지 인체에 이롭다는 기록과 문헌이 많이 있습니다. 마늘이 산삼과 같이 희귀하고 구하기 힘든 식물이었다면 **산삼보다 몇 십배 값비싼** 식물이 되었을 것이라고 학자들은 말하고 있습니다.

남경아 님은 '산삼보다 몇 십배 값비싼'을 '산삼보다 귀한'으로 단어를 바꾸어 적용하였다. 2개월간 진행된 집체교육 중 후반에 개인의 역량껏 문구를 추가하고 보완하는 단계에서 나온 결과물이었는데 커팅의 범위를 넘었지만 좋은 사례다.

치약 상세설명

비교적 긴 문장이다. 앞서 본 세줄로 구성되는 몰입 문구의 커팅 실습으로 이해하면 좋다.

0000나이트타임은 수면 중 발생하는 입냄새 원인을 감소시켜 자고 일어난 아침에도 상쾌한 기분을 경험할 수 있도록 하는 기능성 프리미엄 치약입니다.

치아건강에 도움을 주는 자연에서 추출한 5가지 성분인 세이지, 카모마일, 회향, 계피, 감초추출물과 입냄새를 감소시킬 수 있도록 입속 환경을 개선시켜주는 천연소재 감미로 자일리톨이 첨가되어 있습니다.

화이트닝, 충치예방 및 구취를 제거하는 유효성분 이산화규소가 함유되어 있습니다. 스위스 비타민 C 안정화기술을 적용하였습니다.

*구매당사자 분류의 커팅

0000나이트타임은 수면 중 발생하는 **입냄새 원인을 감소**시켜 자
고 일어난 아침에도 상쾌한 기분을 경험할 수 있도록 하는 기능성 프
리미엄 치약입니다.

치아건강에 도움을 주는 자연에서 추출한 5가지 성분인 **세이지, 카
모마일, 회향, 계피, 감초**추출물과 입냄새를 감소시킬 수 있도
록 입 속 환경을 개선시켜주는 천연소재 감미로 **자일리톨**이 첨가
되어 있습니다.

화이트닝, 충치예방 및 구취를 제거하는 유효성분 이산화규소가 함유되어 있습니다. **스위스** 비타민 C 안정화기술을 적용하였습니다.

위 커팅 중 가장 중요한 리워드는 '입냄새 원인을 감소'다. 여기서 조사 '을'을 한 번 더 커팅한다. 그리고 리워드를 받침 하는 비교우위를 위 아래로 붙여준다. 글자 배치는 가운데를 가장 크고 좌우로 넓게, 위 아래 문장은 좀 더 옅은 색으로 잡아준다.

세이지, 카모마일, 회향, 계피, 감초
입냄새 원인 감소
화이트닝, 자일리톨, 스위스 기술

한 가지 팁이 더 있다. 단어가 위와 같이 열거되는 경우에는 리듬감을 주기 위해 굵은 글씨와 가는 글씨를 혼용하면 보기가 좀 더 수월하다.

세이지, 카모마일, 회향, 계피, 감초
입냄새 원인 감소
화이트닝, 자일리톨, 스위스 기술

커팅한 몰입문구를 원문 위로 붙여보자.

세이지, 카모마일, 회향, 계피, 감초

입냄새 원인 감소

화이트닝, 자일리톨, 스위스 기술

0000나이트타임은 수면 중 발생하는 입냄새 원인을 감소시켜 자고 일어난 아침에도 상쾌한 기분을 경험할 수 있도록 하는 기능성 프리미엄 치약입니다. 치아건강에 도움을 주는 자연에서 추출한 5가지 성분인 세이지, 카모마일, 회향, 계피, 감초추출물과 입냄새를 감소시킬 수 있도록 입 속 환경을 개선시켜주는 천연소재 감미로 자일리톨이 첨가되어 있습니다.

화이트닝, 충치예방 및 구취를 제거하는 유효성분 이산화규소가 함유되어 있습니다. 스위스 비타민 C 안정화기술을 적용하였습니다.

*갑을관계#1, 갑을관계#2 분류의 커팅

　(Comment : 앞서 설명했지만 이미 소비자는 치약으로 검색해 상세설명을 보고 있을 것이다. 치약이라는 단어가 꼭 포함되지 않아도 된다.)

세이지, 카모마일, 회향, 계피, 감초

치아건강에 도움 주는 자연추출물

화이트닝, 자일리톨, 스위스 기술

0000나이트타임은 수면 중 발생하는 입냄새 원인을 감소시켜 자고 일어난 아침에도 상쾌한 기분을 경험할 수 있도록 하는 기능성 프리미엄 치약입니다.

치아건강에 도움을 주는 자연에서 추출한 5가지 성분인 세이지, 카모마일, 회향, 계피, 감초추출물과 입냄새를 감소시킬 수 있도록 입 속 환경을 개선시켜주는 천연소재 감미로 자일리톨이 첨가되어 있습니다.

화이트닝, 충치예방 및 구취를 제거하는 유효성분 이산화규소가 함유되어 있습니다. 스위스 비타민 C 안정화기술을 적용하였습니다.

접대 선물인 경우

입냄새 같은 단어는

부정적인 인상을 줄 수 있으므로

성분이나 효과를 중심으로

전개하는 것이 좋다.

4

리워드 이미지
선택 실습

몇 개의 커팅실습을 해봤는데 어딘가 조금 부족한 듯한 느낌이 들었다면 옳은 방향으로 가고 있다. 소비자는 글자만으로 상세설명의 매끄러운 이해가 어렵다. 이 때 상품전달을 시각화하고 하나의 이미지로 여러 상황을 이해할 수 있는 설정이면 보다 명확한 상세설명이 완성 된다. 이러한 이미지 선정은 동영상 스크립트 작성 시에도 중요 기준점이 된다. 이제 제시된 문구를 기준으로 어떠한 이미지를 선정해야 하는지 살펴볼텐데 그 전에 당부할 사항이 있다.

1. 되도록 그래픽 처리 없이 일상생활을 대상으로 한 이미지를 선택한다.

2. 스마트폰으로도 연출할 수 있는 이미지를 선택한다.

3. 이미지는 구글 이미지로 먼저 찾아보고 콘티를 짜면 더 완성도가 좋아진다(한글도 좋지만 영어로 검색하면 세계각국의 참신한 이미지를 참고할 수 있다).

글자는 뇌의 연산이 필요하다. 글자를 보고 이해하는 과정이 아무리 짧더라도 존재하기 마련이다. 반면 이미지는 보이는 그대로 들어온다. 음식을 직접 봤을 때 입맛을 다시는 것과 음식이 맛있다는 설명을 듣고 먹고 싶다 반응하는 것의 시간 차이라 생각하면 된다.

브랜드를 보면 글자보다 로고로 표현한 것이 눈에 더 잘 들어온다. 스타벅스의 사이렌, 샤넬의 로고, 자동차 트렁크 또는 보넷트에 붙은 로고 등도 넓은 의미로 보면 이미지다.

만화 또는 웹툰을 생각해보자. 말풍선부터 읽고 그림을 보는게 아니라 그림을 먼저 보고 말풍선을 본다. 물건이 부서지거나 폭발하는 장면도 이미지를 먼저 표현하고, 그 사이에 글자를 넣으면 좀 더 강렬한 컷이 나온다. 그러므로 소비자에게는 판매자의 설정 이미지가 첫인상이 되고 몰입의 시작점이 된다.

이미지 출처 ⓘ 타이레놀 광고 장면 중 일부

두통약 광고의 일부 장면이다. 굳이 설명하지 않아도 두통으로 고통스러워 하고 있는 상황임을 알 수 있다.

이미지 출처 ⓘ 미스터피자 광고 장면 중 일부

보기만 해도 치즈가 가득한 갓 구운 피자를 연상할 수 있다. 늘어나는 피자의 한 장면이 피자의 모든 것을 간단히 설명한다.

지금까지 우리가 알아본 내용이 '글자'들을 소비자에게 어 필하기 좋도록 꾸민 것이라면 다음의 과정은 이를 효과적으로 시각화 하는 방법에 대해 배운다. 영화나 드라마로 치면 시나리 오 완성 후 그것을 토대로 영상을 담아내는 단계라 할 수 있다.

먼저 제시 된 문구를 보고 이에 어울릴 수 있는 이미지를 찾 아보자. 그리고 충분히 고민했다고 생각되면 아래 제시된 이미 지를 비교하며 확인해 보자.

사이클 의류

제시문구

000공법으로 시원하게
통풍이 잘 돼요

본래 기획 이미지

수정 이미지

Comment

실제 사이클을 타는 모습을 담아 더운 환경에서 착용한 사진이 있으면 좋다. 건조한 도로, 여름임을 느낄 수 있는 배경, 쨍쨍한 햇빛을 설정한다.

제시문구

000공법으로 시원하게
통풍이 잘 돼요.

본래 기획 이미지

수정 이미지

Comment

해변을 배경으로 한 이미지 활용으로 여름을 연상
시킬 수 있다. 의류는 설정하는 계절감이 매우 중
요하다. 모델의 느낌, 인상 그리고 배경을 복합적
으로 설정해야 해서 어려운 편에 속한다.

실습 3 여성 요가복

제시문구

> **풍성한 핏감으로**
> **더욱 볼륨감 있게**

본래 기획 이미지

수정 이미지

Comment

문구에 충실하게 실제 요가하는 장면을 표현한다. 스포츠 의류는 역동적이거나 육체미가 느껴지게 연출하면 좋다.

여성 가발

제시문구

> 자연스럽고
> # 더욱 볼륨감 있게

본래 기획 이미지

수정 이미지

Comment

실제 착용컷을 보여주는 것이 좋다. 가발은 얼굴이 직접 노출되는 것이 좋으므로 모델을 직접 노출하자. 모자이크를 하거나 마네킹을 사용하면 괴리감이 크다. 다만 유의점이 있다. 모델의 인상이 상품의 콘셉트를 한정하므로 상품의 분위기에 맞게 연출하는 것이 중요하다.

실습 5 **여성 슬림 원피스**

제시문구

> 잘록한 허리라인으로
> ## 슬림해보여요.

본래 기획 이미지

수정 이미지

Comment

허리라인을 강조하는 포즈를 연출했다. 역시 모델이 가지고 있는 인상이 상품을 강하게 한정할 수 있다. 상황에 따라 얼굴을 생략하는 방법도 있다.

Comment

포즈가 있고 없음의 차이가 크다. 이런 이미지는 자칫하면 너무 밋밋할 수 있다.

실습 6 가정용 디퓨저

제시문구

천연재료를 사용해
오래도록 남는 향기

본래 기획 이미지

수정 이미지

Comment

많은 사람들이 공감할 수 있는 대외적 공간으로 거실을 들 수 있다. 디퓨저가 배치된 거실 풍경도 좋지만 이 경우 향보다 인테리어에 치중될 수 있으므로 향이 좋은 거실에서 안락하게 쉬는 연출이 좀 더 일상적이다. 제품 정보에 관련된 것이나 별도의 팁은 이후의 설명에서 이미지로 보여줘도 흐름에 전혀 문제 없다. 최초의 이미지가 상품의 첫인상을 좌우하므로 되도록 공감대와 리워드가 같이 느껴질 수 있는 설정을 준비하자.

실습 7 **노트북**

제시문구

에너지소모 절감소재를 사용해
8시간도 거뜬해요!

본래 기획 이미지

SUPER 에너지소모 절감소재를 사용해
8시간도 거뜬해요!

수정 이미지

SUPER 에너지소모 절감소재를 사용해
8시간도 거뜬해요!

Comment

노트북을 일상생활에서 가
장 빈번하고 흔하게 쓰는 공
간은 사무실과 가정이 있지
만 좀 더 전달력이 좋으려면
커피전문점을 배경으로 설
정하는 것도 방법이다. 당연
히 충전 없이 사용하는 상
황을 연출한다.

실습 8 스마트폰

제시문구

> 에너지소모 절감소재를 사용해
> # 8시간도 거뜬해요!

본래 기획 이미지

수정 이미지

Comment

영화나 학습하는 장면을 넣어주는 것도 좋다. 좀 더 강조하고 싶다면 여행이나 휴가, 운동, Vlog 촬영 등 활동적이면서도 힐링의 소재가 되는 이미지 콘셉트는 공감과 선망의 감성을 이끌어 낼 수 있어 전달력이 훨씬 좋아진다.

실습 9 **침구**

제시문구

> 잠으로 만드는 건강
> ## 잠이 잘 옵니다

본래 기획 이미지

수정 이미지

Comment

앞서의 이미지는 인위적인 느낌이 있어서, 좀 더 리얼한 느낌이 들도록 실제로 편히 잠든 모습을 설정한 이미지를 활용했다. 되도록 일상에서 표현하되 내가 저렇게 되었으면 좋겠다는 공감대가 있는 표현이 좋다.

영유아용 이불

제시문구

> 환경호르몬 없는 천연염료
> ## 자극없이 푹신하게

본래 기획 이미지

수정 이미지

Comment

이불을 덮고 자는 모습을
설정해도 괜찮으나 아기의
피부가 직접 이불에 접촉
된 모습을 연출하면 좋다.

이미지 선택은 기획 및 제작 환경에 따라 제한적인 상황이 있을 수도 있다. 모델을 찾기 어렵거나 재무적 부담이 작용할 수도 있다. 당부하고 싶은 점은 제한적 상황이라도 되도록 위에 제시한 내용을 기준 삼아 반복해서 연습하는 것이다.

끝으로 성공사례를 하나 더 소개한다. 쥐포로 온라인 판매를 시작하여 현재는 건어물, 해산물, 스낵 등 다양한 상품으로 사업을 크게 확장한 '미다몰' 박재완씨의 사례다. 누적매출액은 180억원을 넘겼다.

글쓴이: 안녕하세요. 재완씨.

박재완: 네 안녕하세요. 오랜만입니다.

글쓴이: 인터뷰를 흔쾌히 허락해주어 감사드립니다. 사업을 시작하기 전에 개인적인 우여곡절이 있었다고요.

박재완: 네. 제가 일본에서 유학을 오래하고 호주로 넘어가 일을 시작했는데 당시에는 잘 풀렸습니다. 승진도 빨랐고 돈도 많이 받았어요. 그런데 부모님 사업이 갑자기 기우는 바람에 누나와 매형 그리고 저까지 힘을 보태 빚을 갚아야 하는 상황이 와서 귀국하게 되었습니다.

글쓴이: 마음이 편치 않으셨겠네요.

박재완: 당연히 그랬죠. 온 가족이 11년 동안 상환에 매달렸습니다. 빚 갚는데 정말 열심이었습니다. 집까지 팔아 빚 갚고보니 수중에 2억이 남더라고요. 이 돈으로 우리 가족이 어떻게 살 수 있을까 고민했죠. 그렇게 시작한 것이 건어물 판매입니다. 대구에서 벗어나 성주에 공장부지를 사고 조그맣게 시작했었죠.

글쓴이: 토지와 건축에 훨씬 많은 종잣돈이 들어가지 않나요?

박재완: 그렇죠. 정부와 지방자치단체 관련 지원 대출 등을 최대한 활용해야 했죠. 낮은 이자라 해도 그 자체로 부담이 되더라고요. 고정비가 생긴거죠. 처음에는 거래처를 만들고 해산물, 건어물 등의 재료를 사와야 하는데 이게 또 들어가는 비용이 만만치 않았습니다. 어디나 그렇지만 큰 돈이 있어야 매입단가를 낮출 수 있는 구조더군요.

글쓴이: 그냥 맨 땅에서 시작하셨군요.

박재완: 정말 잠 안자고 살았습니다. 거래처를 늘려야만 한다는 생각으로 살았어요. 들인 노력만큼 거래처가 늘었지만 어딘가 이 속도로는 좀 어렵겠다는 생각이 드는 겁니다. 인터넷 판매 없이 사업을 키우려다 보니 한계가 보이더군요. 그래서 인터넷 판로를 모색하던 중 강사님을 만나게 되었습니다.

글쓴이: 강의 첫 날의 기억이 아직도 생생합니다. 그때 소위 질문 폭격기 같으셨거든요.

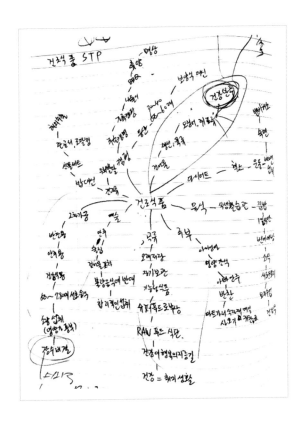

박재완: 강사님이 소비자분류를 해보라 해서 일단 지금 판매할 수 있
는 상품을 나열했습니다. 상품을 정해야 소비자를 분류할 수

있겠다는 생각에서였죠. 취급중인 판매 상품과 공급처에서 구할 수 있는 상품들 중 가장 친숙하면서도 호불호가 거의 없는 쥐포를 선택하고, 어떻게 소비자 분류를 할지 고민했습니다.

글쓴이: 메모 중 '야구장에 쥐포 사가는 것'이 눈에 띄네요. 하단에 있는 '자기야 아~해봐' 문구도 재미있습니다.

박재완: 지금 보면 좀 어이 없는 것도 있지만 생각해 낼 수 있는 모든 것을 담으려 했습니다. 오죽하면 조기축구회, 사회인 야구단 간식도 생각했겠어요. (웃음)

글쓴이: 쥐포의 판매방식도 바꾸셨다고요?

박재완: 경쟁자도 분석하라고 하셨잖아요. 그래서 했어요. 당시 인터넷 검색에 걸리는 쥐포 상품을 모조리 스캔했습니다. 그러다가 수십마리씩 파는 것은 있어도 날개포장은 없다는 점을 발견했습니다. 이상하다 싶어 이걸 또 파보았는데 포장과 손질 비용 때문인지 주로 묶음 판매를 하더군요. 소비자들은 정작 하나씩 꺼내먹는데 말이죠. 그래서 날개포장으로 시작해보기로 했습니다.

글쓴이: 쥐포의 날개포장이라. 그것도 온라인에서요?

박재완: 네. 저도 좀 처음에는 망설였어요. 그래서 판매 가격을 당시 판매가 대비 최저가로 설정했습니다.

글쓴이: 판매가 되던가요?

박재완: 처음에 저도 이게 될까 싶었죠. 편의점에서 낱개 포장된 오다리를 한 두개 집어오는 것은 부담이 없지만, 쥐포는 배송을 받는 거잖아요. 그런데 또 흥미로운 것은 이 배송비 때문에 주문 시 다량으로 산다는 거죠.

글쓴이: 아, 그러네요 . 굳이 한 두 마리만 사는 분은 배송비 아까워서라도 없겠네요.

박재완: 사실 이것도 어느 정도 노림수긴 했습니다. 제가 최저가로 가격을 치면 박리다매를 노릴 수밖에 없는데, 배송비가 어느 정도 최저 수량은 맞추어 줄 것 같았어요. 그런데 판매를 해보니 생각보다 아주 많이 나가는 겁니다. (웃음)

글쓴이: 쥐포의 이름이 재미있습니다.

박재완: 강사님께서 스토리를 팔아야 하고, 또 그 시작점이 카피가 된다고 하셨죠? 근데 이게 말이 쉽지…. (웃음) 고민할 당시에는 짜증까지 났었죠. 어떻게 다른 상품과 차별화를 시킬까 고민하다가 오븐에 구운 치킨을 떠올렸습니다. 오븐에 구웠다하면 제품 만들 때 시간과 정성이 더 들어간 것 같잖아요.

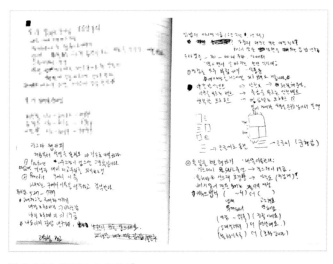

[강의 내용을 정리한 노트 중 일부]

글쓴이: 어떻게 그 짜증을 극복하셨어요? (웃음)

박재완: 짜증나는 만큼 모르는 게 많았다는 생각만 했어요. 그래서 일단 경쟁 판매업체를 파악했습니다. 우선 옥션, 지마켓, 위메프, 쿠팡 등 당시 한 번이라도 들어본 앱은 모조리 다 설치했습니다. 그리고 자정이 넘으면 판매채널별로 무엇이 어떻게 바뀌나를 매일 관찰했습니다.

글쓴이: 매일요? 독하게 마음 먹었네요.

박재완: 진짜 절실했어요. 지기도 싫었고 이왕 해야하는 거 끝장을 보자는 각오였습니다. 처음에는 어떤 상품들이 인기가 있는지도 몰랐어요. 그런데 좀 익숙해지니까 보이는 것이 있어요.

글쓴이: 그게 무엇인가요?

박재완: 제품을 매일 관찰하다 보니 잘 팔리는 타이밍이 눈에 들어오는 겁니다. 이 때의 타이밍이 훗날 건어물 판매 시점을 결정하는 중요한 기준 중에 하나가 되었어요. 예를 들자면 캠핑용품이나 휴가용품들이 Best 영역에 노출이 될 때쯤이면 쥐포를 행사 상품이나 이벤트 상품으로 내놓는 것이지요. 남녀노소 간편하게 야외에서 즐길 수 있는 상품이니깐요. 판매자들이

무슨 단어를 쓰는지, 소비자들의 생각은 어떤지, 리뷰에는 뭐라고 적혀 있는지 등을 보면서 주경야독했습니다. 진짜 이 때는 하루 서너시간 자면서 일만했어요. 의자에 앉아서 졸다가 깨고 그리고 다시 일하고. 상세설명에도 시기에 맞게 문구나 이미지를 수정했습니다. 웹툰까지 그렸으니 말 다했죠. (웃음)

글쓴이: 판매량은 어땠습니까?

[네이버 쇼핑 순위 1위 캡쳐 화면]

박재완: 대성공이었습니다. 아주 난리가 났어요. 쥐포를 낱개 포장하여 판매한 점이 소비자들에게 어필이 되었던 것 같습니다. 판매량이 늘어나니 소매상에서 연락도 많이 오고. 지금은 낱개 판매업체가 많이 늘어났지만 선점효과가 있어서 판매량은 꾸준합니다. 요즘에는 다양한 사이즈로 판매량을 늘려가고 있습니다. 하루에만 4700여건의 주문이 들어온 적도 있습니다.

NO	순서	주관고객명	발송고객명	상태	접수	오류	도서지역	제주지역	레이아웃
1	10012	미다 주식회	미다 주식회	출력확인	2	0	0	0	미다
2	10011	미다 주식회	미다 주식회	출력확정	1380	0	0	2	미다
3	10010	미다 주식회	미다 주식회	출력확정	3	0	0	0	미다
4	10009	미다 주식회	미다 주식회	출력확정	33	0	0	0	미다
5	10008	미다 주식회	미다 주식회	출력확정	292	0	0	1	미다
6	10006	미다 주식회	미다 주식회	운송장등록	971	0	1	2	미다
7	10005	미다 주식회	미다 주식회	운송장등록	895	0	0	0	미다
8	10004	미다 주식회	미다 주식회	운송장등록	117	0	0	0	미다
9	10003	미다 주식회	미다 주식회	운송장등록	618	0	0	0	미다
10	10002	미다 주식회	미다 주식회	운송장등록	262	0	0	1	미다
11	10001	미다 주식회	미다 주식회	운송장등록	133	0	0	0	미다

[주문 건수 현황]

글쓴이: 실제 쥐포 포장 수량도 어마어마 했겠어요.

박재완: 맞습니다. 밤을 새서 포장을 해도 물량을 맞추지 못하는 일이 벌어지기 시작했어요. 지인 분들한테 일손을 부탁드릴 정도였습니다.

글쓴이: 다른 상품으로의 확장도 손쉬워졌다고요.

박재완: 쥐포를 팔면서 계속 시장조사를 하고 소비자분석을 하고 리뷰를 챙기다 보니 계속 새로운 게 보였어요. 주전부리, 간식의 연장선으로 보니 '옛날과자'가 눈에 띄는 겁니다. 오란다, 전통강정 같은거요. 이게 또 반응이 좋았고 판매량이 상당했지요. 오픈마켓에서 베스트 1등을 한 적도 여러 번입니다.

글쓴이: 배송량이 상당했겠는데요?

박재완: 네. 과자가 부피가 크더라고요. 기존의 택배차로는 도무지 해결할 수가 없어서 15톤 트럭에 실어 내보내기 시작했습니다.

글쓴이: 잠깐만요. 15톤 트럭이요?

박재완: 네. 공장에 처음 15톤 트럭이 들어섰을 때는 눈이 다 휘둥그레졌습니다. (웃음) 지금은 장사가 아닌 비즈니스의 규모가 된 것 같습니다. 처음에 네이버쇼핑으로 작게 시작했는데 지금은 소셜 메인에 이벤트 상품으로 등록될 정도니 그저 감동입니다. 쥐포 외 건어물도 자리를 잘 잡았습니다.

[위메프 메인 등록 캡쳐 화면]

글쓴이: 앞으로의 계획과 도움의 말씀도 부탁합니다.

박재완: 앞으로 공장 증설을 더하여 규모를 키울 생각입니다. 사실 저희가 외국으로도 수출을 하고 있는데 이게 시장이 작지 않은 것 같아요. 제가 할 수 있는 조언은 여러분이 판매를 목적으로 하는 제품에 대해서 누구보다 더 알 수 있도록 고민해 봐야 한다는 겁니다. 잠을 줄여서라도 일을 해보셨으면 합니다. 투자하는 시간이 많아지면 성과는 물리적으로 늘어난다고 생각합니다. 당연히 지치실 거에요. 마음이 답답하거나 일이 쉽게 풀리지 않을 때면 고민을 하기보다 자료를 더 수집하시고 경쟁자를 분석해 보세요. 소비자들이 남기는 리뷰, 소셜이나 유튜브에서 돌아다니는 흔한 내용들도 새롭게 보일 겁니다. 어디에나 정보가 참 중요합니다. 정보가 쌓이는 만큼 자신감도 생길겁니다. 저도 정말 바닥에서 다시 시작했습니다. 여러분도 얼마든지 하실 수 있습니다!

부록

❝

동영상 콘텐츠 제작 꿀팁
(with 콘텐츠 저작권 가이드)

❞

커팅 연습이 익숙해지면 동영상 자막과 콘텐츠 구성까지 쉽게 해낼 수 있다. 그래서 동영상을 제작할 때 콘텐츠를 어떻게 활용하면 좋은지에 대해 소개하고자 한다. 다만, 편집 프로그램의 소개, 편집하는 방법, 오디오 삽입, 자막처리 등의 기술적인 부분은 이 책에서 다루고자 하는 콘텐츠의 범위를 벗어나므로 생략한다.

1. 자막은 집중력이 빠지는 부분에 넣는 것부터 시작하자.

몰입감이 좋은 동영상에는 굳이 자막을 넣지 않는다. 자막이 화면의 전개에 방해가 되어 집중을 깨트릴 수 있기 때문이다. 스토리 전개상 반드시 필요하지만 조금 늘어지는 부분이나 화면구성이 약하다고 생각되는 부분에 자막을 배치하면 맥락이 매끄러워진다.

2. 썸네일 구성은 매우 중요하다.

멈춰 있는 화면의 이미지와 글자배치(썸네일)는 해당 동영상이 무엇을 보여줄지 한 장으로 요약해 준다.

위의 유튜브 검색을 보자. 채널 로고만 있는 것과 문구가 있는 썸네일이 있다. 맨 위 '21살에 현금구매'도 눈이 가고 맨 아래 '풀 옵모델vs깡통모델'도 눈이 간다.

'탑기어' 로고만 있는 화면의 조회수를 보면 80만으로 조회수 가 높은데 '탑기어'는 자동차 매니아들에게 유명한 프로그램이고 2020년 3월 기준 국내미출시 차량을 다룬 내용이라 주목받은 콘텐츠다. 짧은 순간 시청하는 사람들의 관심을 끌어 올 썸네일을 제작해야 하는데 이것이 이미지와 글자를 매칭하는 연습을 꾸준히 해야 하는 이유다.

3. 분량이 긴 동영상보다 일단 끝까지 보는 동영상을 만들자.

동영상을 만들 때 초반에는 분량 압박에서 자유로워야 한다. 반드시 '3분을 채우겠다' 또는 '5분을 넘기겠다'는 생각을 과감히 버려야 한다. 평범하다 싶은 동영상 5분 정도를 두 사람이 편집하는데도 하루는 족히 걸린다. 이렇게 열심히 만들어 올렸건만 유입도 없고 실제로 보는 러닝타임도 짧아 허탈해 하는 경우도 많다(실제 3분 20초 영상의 평균 러닝타임이 7초인 적도 있다).

10초~30초라도 그 동영상을 끝까지 볼 수 있도록 콘텐츠의 몰입을 이끄는 게 중요하다. 사실 짧은 동영상을 만드는 것이 더 어렵다. 우선 호기심이 있는 문구를 먼저 썸네일로 던지고 이를 풀어주는 식으로 전개하자.

이 썸네일에는 꼭 필요한 것만 알려준다는 내용이 직관적으로 표현되어 있다. 수식이 많아 복잡한 엑셀이 쉽고 간편해 보인다. 실제 실무에서 자주 쓰이는 수식만 알기를 원하는 직장인들은 이 썸네일을 보고 클릭을 할 확률이 아주 높다.

동사 7개만 알면 큰 어려움이 없을 것 같은 느낌이다. 앞서 봤던 '쉽고 빠르고 간편한' 콘셉트와 동일한 맥락이라는 것을 알 수 있다. 짧은 분량은 해당 주제에 대해서 한정해 만들 수 있기 때문에 명확한 주제 전달을 강하게 할 수 있는 좋은 훈련이 된다.

4. 스마트폰으로 촬영을 시작하자.

진심으로 여러 번 강조하고 싶은 부분이다. 그림자를 깔끔히 지우는 여러 조명과 반사판, 다양한 화면을 구성하기 위한 여러 대의 카메라, 오디오가 깔끔하게 들어오는 마이크 등등 좋은 사양의 장비를 준비하려는 분이 은근히 많다. 거의 작은 방송국 수준이다. 솔직히 장비부터 구비하고 시작한 분들 중 다수가 중고로 처분한다. 촬영의 시작은 한 대의 '스마트폰'만으로도 충분하다. 촬영과 편집 기술을 향상시킨 후 실력을 뒷받침할 장비를 마련해도 늦지 않다.

5. 초점을 유지하여 흔들리는 구도가 없도록 촬영하자.

의외로 쉽게 지나치는 부분이다. 이런 부분을 잡아주는 '짐벌'이라는 도구가 있다. 그러나 가격이 만만치 않아 그냥 손으로 잡고 촬영을 하는 경우가 많다. 그래서 문제다. 찍을 때는 잘 됐다 싶지만 편집할 때는 어지럽다. 내가 그러면 보는 이들은 더 심하다. 흔들리는 초점도 문제가 된다. 부각되어야 하는 부분이 흐려지고 엄한 구도가 선명하게 보여 자막처리마저 애매할 때도 많다.

이미지 출처 ⓞ 스무드4

유일하게 추천하는 장비가 짐벌이다. 가장 큰 장점은 전후좌우 및 상하의 6가지 각도에서 자유로운 촬영으로 다양한 시선미를 줄 수 있다. 이 부분은 '카메라 앵글', '카메라 무빙' 등을 다루는 콘텐 츠를 찾으면 쉽게 배울 수 있으니 참고하자.

동영상 촬영기법 "진짜바로" 1편 [카메라 앵글과 무빙] 편
사진잘찍는법, G서터 · 조회수 1.6만회 · 6개월 전
동영상 촬영기법 "진짜바로" 1편이 [카메라 앵글과 무빙] 편 입니다 :) 안녕하세요!
열정적인 구독자 여러분 G서터 스튜디오의 열정...

필름메이커에게 카메라무빙을 배워보자!! (feat.김비디오/D.R.S/Blueway Film)
우우작가 PB · 조회수 2.5천회 · 2개월 전
우우작가 쓰는 음악과 영상이 궁금하다면? 1. Epidemic Sound (음악)
http://share.epidemicsound.com/CdbL6 (링크로 가입시 30일 무...

【영상촬영하는 법】샷과 카메라 움직임의 효과 알아보기
카페 드프레소 Cafe Depresso · 조회수 4.3천회 · 10개월 전
(두번째 채널 홍보) 북경생활이 궁금하신 분들은 : https://youtu.be/1rltlxS69dk 아 시험 끝나자마자 허겁지
겁 만들어서 정신이 없네 ...

6. 처음에 멘트 효과음이나 음악의 박자 맞추기는 무리다.

　유튜브를 보면 방송국 편집보다 재미있게 구성하는 크리에이터를 심심치 않게 볼 수 있다. 그래서 쉬워 보인다. 그 중에 하나가 효과음과 배경음악인데, 처음에는 대개 설명과 음악 그리고 화면이 다 따로 논다. 화면이 다른 주제로 전환되는데 배경음악은 클라이막스로 가고 사이사이의 애매한 효과음은 '뻘쭘'한 상황을 만든다. 다시 한번 당부하지만 카메라 앵글과 무빙의 흐름을 충분히 이해할 때까지 촬영을 반복해야 한다.

　반복된 촬영으로 어느 정도 화면이 매끄러워지면 오디오가 걱정 된다. 만약 판매하는 상품을 촬영한 동영상이라면 크게 고민할 것이 못 된다. 상품이 가지고 있는 고유의 소리를 그대로 들려주는 방법이 소비자가 몰입하기 더 좋은 환경을 제공한다. 전자제품의 작동음이나 촉감을 소리로 전달하는 소리, 주스나 물을 따르는 소리를 그대로 담는 것이 소비자 이해를 돕는다. 만약 주방용 칼을 촬영한다면 야채를 써는 화면을 찍으며 썰리는 소리를 그대로 담는 식이다. 이는 소비자의 자율감각을 자극하는 ASMR을 만드는 것과 같은 원리라 판매에도 도움이 된다. 이 내용이 잘 와닿지 않으면 소비자들이 올린 동영상 리뷰(스마트 스토어)를 참고해 보자. 짧게는 몇 초임에도 전달력이 의외로 좋다는 것을 알 수 있다.

　만약 위 정도의 촬영이 익숙해진다면 그 다음에서야 배경음악과 효과음을 고민해야 한다. 사람의 목소리(나래이션)는 아직 이른 단계인데 이 부분은 후술한다. 초기 배경음악을 선택할 때는 되도록 단조로운 구성에 빠른 박자를 선택하자. 상세설명이 전환이 있거나 상품의 변화를 극적으로 표현할 때는 간단한 자막과 함께 효과음을 넣어보는 것도 좋다.

반면, 사람의 노동이 표현되는 서비스나 부동산, 교육서비스 등 다소 고퀄리티의 콘텐츠가 필요한 경우가 있다. 또는 고집(?)스럽게 크리에이터급 제작을 시도하는 분을 위해 몇 개의 Tip을 드린다.

유튜브 음악 Tip 저작권 사용이 자유로운 오디오를 활용하는 방법
기술조언: 고홍열 (동영상 콘텐츠 디렉터)

유튜브에서 저작권의 범위를 명시하거나 또는 명시 없이 자유롭게 사용할 수 있는 오디오 클립을 다양하게 제공하고 있다.

유튜브 PC 화면 오른쪽 상단 위의 로그인 버튼을 클릭하여 로그인부터 하자.

그리고 자신의 아이디에서 마우스를 클릭 후, 3번 째에 위치한 'YouTube 스튜디오'를 클릭한다.

좌측 메뉴의 '오디오 라이브러리'를 클릭한다.

오디오 보관함이 열리고 바로 아래 무료음악과 음향효과 탭이 뜨는 것을 확인할 수 있다. 무료음악의 경우 장르, 분위기, 악기, 길이 그리고 저작권표시 등으로 나뉘는데 직관적으로 가이드 되어 있어 필요한 자료를 쉽게 들어볼 수 있다. 그 중 '분위기'를 클릭해보자.

상세설명을 다루는 동영상은 밝고 빠른 템포의 음악이 소비자의 아이스 브레이킹(낯설거나 어색함을 깨는 행동)을 유도하기 좋다. 메뉴 중 '펑키'를 클릭하면 무료음악이 다시 정렬된다. 하나를 클릭하여 플레이하면 저작권 가이드라인과 함께 음악을 들어 볼 수 있다.

앞의 화면은 Arm Candy라는 무료음악이다. 모든 종류의 동영상에 사용할 수 있다고 되어 있는데 여기에서는 저작권에 대한 간단한 이해가 필요하다. 모든 내용을 다룰 수 없기에 간단하게 알고 있어야 하는 콘텐츠 저작권에 대해 설명하려 한다.

저작권 가이드라인

영리와 비영리의 차이

말 그대로 영리적 목적 여부를 묻는 범위다. 비영리의 예를 들면 제품의 사용기, 영화/드라마의 감상평 등 개인 또는 법인이 홍보, 광고, 판매의 목적이 전혀 없이 정보제공의 목적으로 사용하는 경우다. 우리가 흔히 아는 파워블로거 또는 파워유튜버(크리에이터)가 해당된다. 간혹 협찬을 받아 상품을 소개하거나 사용기를 올려주는데 이는 판매에 직접 관여하는 것이 아니어서 저작권 침해에서 비교적 자유롭다. 물론, 콘텐츠를 직접 판매하는 경우에는 저작권침해 분쟁 소지가 충분해진다.

상품을 판매하는 입장은 이런 의미로 '영리적' 사용이 된다. 이를 다르게 개인/기업으로 구분하는 경우도 있는데 여기서 비영리는 개인, 영리는 기업이라고 생각하면 편하다. 내가 개인사업자(일반과세자)라서 개인으로 생각하고 해당 콘텐츠를 다운받아 사용하면 저작권침해로 간주되니 유의해야 한다.

한 가지 당부사항이 더 있다. 화면의 효과적인 전환 또는 재미를 주기 위해 예능/드라마/영화/다른 광고 등의 화면을 사용하는 경우가 있는데 이는 명백한 저작권침해가 된다. 콘텐츠를 제작한 방송국, 제작사의 저작권 침해 분쟁 소지가 충분하고 운이 없는 경우에는 해당 연예인의 퍼블리시티권 침해 분쟁으로도 번질 수 있다(퍼블리시티권은 아직 관련 법이 없다. 헌법과 민법 그리고 민사소송법을 통해 다툰다. 개인 또는 소상공인 입장에선 상당한 압박이 되니 되도록 피하는 것이 좋다).

유튜브의 '저작자 표시'를 클릭하면 무료로 제공하는 음악저작권자의 출처표시 여부를 묻는 부분이 있다. 이는 말 그대로 아무 대가 없이 저작권자의 성명(예명)/출처 마저도 표시하지 않고 자유롭게 사용해도 되는 진정한 의미의 'Free'다. 유튜브 뿐만 아닌 다른 매체에도 자유롭게 사용할 수 있다. '저작권 표시 필요 없음'을 클릭해 보자.

무료음악의 재배열 없이 그대로 있다. 유튜브는 무료음악을 자유로운 저작권리가 공개된 순으로 열거하고 있음을 알 수 있다.

다음으로 아래에 있는 '저작권 표시 필요'를 클릭하자.

음악샘플의 순서가 바뀌었다. 편의상 첫번째 'Cool Rock -Take the Lead'를 클릭해 내용을 확인해 보자.

단순히 출처 표시만 하면 자유롭게 쓸 수 있다고 생각할 수 있다. 조건부 무료 음악으로 이해하면 편한데 이 의미는 음악을 사용한 대가로 동영상 중간에 광고가 삽입된다고 보면 된다. 그리고 그 광고의 대가가 동영상을 제작한 이가 아닌 음악 저작권자에게 가는 것이다. 그러면 결론은 단순하다. 저작권표시가 필요 없는 음악을 쓰면 된다. 다시 처음으로 돌아와 상단 오른편 음향효과를 클릭하면 다양한 효과음이 재배열 된다.

음악에 비해 범위가 단순하다. 효과음들 오른쪽 상단에 '카테고리'만 보인다.

카테고리를 클릭하면 다양한 음향효과가 제공됨을 알 수 있다. 원하는 주제의
카테고리로 정렬시켜 자유롭게 활용하면 된다. 저작권의 제한사항이 없다.

7. 나래이션은 생각보다 어렵고 어색하다.

아나운서를 아무나 하는게 아니라는 것을 영상에 목소리를 넣을 때 알 수 있다. 톤에 신경쓰면 발음이 부정확해지고, 발음에 신경쓰면 톤이 차분해져서 영상이 늘어지는 느낌을 받는다. 당연히 전달력도 약해질 수밖에 없다.

스크립트의 작성도 쉽지 않다. 말 그대로 대본인데 쓰는 것과 읽는 것의 차이가 또 크다. 짧게 쓴 것 같은데 생각보다 영상 길이가 길 때가 있고 길게 쓴 것 같은데 영상으로는 짧게 담길 때가 있다. 크리에이터들이 의미 없어 보이는 구간을 빠른 속도로 돌리거나 'TMI(Too Much Information의 준말)' 자막 처리를 하는 이유가 여기에 있다. 버리긴 아깝고 노력은 보여주고 싶은 마음이 섞인 결과물이다.

무엇보다 편집 스트레스도 보통이 아니다. 나래이션에 맞추어 이미지나 영상의 템포를 구분하고 끊어줘야 한다. 나래이션이 없어도 전후맥락이 매끄러워 전달이 잘 되다가 음성을 넣는 순간 집중력이 확 빠지는 일도 흔하다. 그러면 다시 영상작업을 하거나 사진을 찍는 식이다. 중요한 부분에만 나래이션을 넣는 방법도 있겠지만 상품설명의 목적이면 절대 하지 않는 것이 좋다. 전문성이 떨어져 보이고 음성이 들어올 때 오디오의 맥이 바뀐다. 차라리 자막처리가 더 효과적이다.

나래이션의 고비를 넘기고 나면 '어떻게 할 수 없는 민망함'의 단계가 기다리고 있다. 나래이션에서 멘트로 바뀌는 순간이다.

'이런~거 이런~~거 이~~런거 천지 빼까리다.'

배정남씨가 네이티브 발음으로 선보였던 광고멘트다. 저 멘트를 직접 녹음할 일이 있었는데 도무지 입밖으로 나오지 않았다. 마치 수백명이 있는 광장에서 목청껏 노래를 부르는 기분이었다. 녹음을 뜨는 감독과 여러 직원들이 같이 있었는데 얼마나 부끄러웠는지 모른다. 멘트는 좀 과장을 해야 평범하게 들린다. 그 과장된 행동이 일상생활에서는 나오는 일이 거의 없다. 만약 '천지빼까리'를 사람들 앞에서 아무렇지 않게 멘트를 칠 수 있다면 유튜버로서의 소질이 있다고 믿어도 좋다. 항상 민망할 정도로 멘트를 쳐야 한다.

8. 나래이션(또는 멘트)이 있다면 그 내용 역시 자막처리를 하자.

모두가 아나운서 같은 발음과 성우와 같은 다양한 톤을 가질 수 없다. 이를 극복하는 첫 번째는 나래이션 모두를 자막처리 하는 것이다. 줄은 반드시 짧은 한 줄로 템포를 타야 한다. 두 줄은 화면 전개를 막고 자막에 집중해야 하는 피곤함이 온다. 읽기 편하게 나래이션의 운율을 타면서 읽는 속도를 조절해야 한다. 이 리듬의 속도를 조절하려면 편집기술이 필요한데, 이 역시 어렵다. 그래서 자막을 시작할 때는 요약하는 방식으로 진행을 하다 편집 프로그램을 다룰 정도의 레벨이 되면 풀자막 처리로 가는 경우가 많다. 풀자막 처리는 러닝타임을 효과적으로 늘려주는 역할을 한다. 화면과 자막이 흐름을 타기 때문에 자막이 지루하지만 않다면 몰입시간을 좀 더 인위적으로 늘릴 수 있다.

끝으로 동영상 콘텐츠를 작성할 때 반드시 체크해야 하는 사항을 살펴보자.

① 동영상 전개의 꼭지를 먼저 만들자.

짧은 영상이든 긴 영상이든 맥이 끊어지지 않게 하려면 강약 조절이 필요한데 순서를 잡기가 쉽지 않다. 이럴 때는 주요 화면을 구성할 꼭지를 적어 배열을 여러 번 바꾸어 보며 흐름을 살펴보자. (순서 선정이 너무 어렵다면 혼잣말로 나래이션을 해보자.)

② 결론이 앞에 나와 있는지를 꼭 체크하자.

소비자는 초반 자극이 없으면 동영상을 절대로 끝까지 보지 않는다. '기-승-전-결' 방식은 매우 위험하다. '결과 - 이유'의 패턴을 항시 유지하자.

③ 제시한 결론에 대한 설명이 소비자 입장인지 반드시 재
   확인하자.

결국 제시한 결론을 꼭지의 구성으로 이어 소비자에게 어필이
되는지를 확인하는 과정이다. 간단히 콘티를 작성하면 더 좋은데
이 때 필요한 작업이 꼭지에 맞는 이미지 선정이다. 동영상 촬영
할 때 급한 마음에 이 부분을 생략하는 경우가 많은데 화면을 편집
하다 보면 결국 콘티 작성의 필요성을 절감하게 된다. 꼭지에 맞는
이미지 선정은 기업의 사업계획서와 같은 존재로 봐도 무방하다.

콘티에는 당연히 간단한 설명도 붙게 된다. 어느 부분을 강조
할지 카피를 사용하면 이를 어떻게 자막으로 변환할지도 기획하게
된다.

④ 콘티에 맞추어 촬영을 시작한다.

기계적인 과정이지만 콘티 없을 때와 있을 때 화면 구성의 위
력은 상당하다. 촬영을 할 때마다 콘티를 확인하면서 잘 반영이 되
었는지를 'Replay'를 통해 확인한다. 같은 화면을 반복해서 동영상
촬영을 하다 보면 따분할 수 있지만 반드시 필요한 과정이다. 이는
편집을 하며 장면을 부드럽게 또는 다이나믹 하게 이을 때, 의외로
망했다고 생각하는 촬영샘플에서 건져오는 경우가 많음을 알게 된

다. 영화나 드라마에서 같은 장면을 괜히 여러 번 촬영하는 게 아니다.

⑤ 콘셉트는 금물이다.

이상하게 촬영을 반복하면 생각지도 않은 예술혼이 들어온다. 상당히 위험한 신호다. 그만큼 전달력이 떨어지고 몰입도 깨진다. 다큐멘터리 또는 독립영화의 기운이 도는 순간 촬영을 무조건 멈추고 커피 한 잔을 마시길 권한다.

⑥ 조금이라도 늘어지거나 흥미가 빠지면 과감히 잘라내자.

편집을 시작하면 들인 시간, 돈, 노력 등이 차마 아까워서 도려내지 못하는 경우가 은근히 많아진다. 눈 딱 감고 잘라내거나 빠른 배속으로 'Skip'하길 권한다.

⑦ 외주는 대안인가?

결론부터 말하면 외주는 변동성이 크다. 만들 때마다 색이 다르다고 보면 된다. 이를 조율할 수 있을 정도의 내공을 쌓으려면 결국 직접 찍어보고 시행착오를 겪어야 한다. 그렇게 반복하다 보면 자신의 색이 뚜렷해지는 것을 느낄 수 있다. 다만 여기에는 검증 과정이 필요하다.

동영상 플랫폼에서 제공하는 분석틀을 활용한다. 직관적이고
간편해 추천한다.

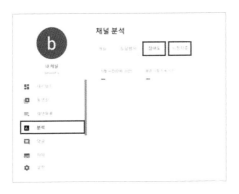

유튜브 내 채널에서 'YouTube Studio'를 클릭하여 좌측에 분석
아이콘을 클릭한다. 여기에 '참여도'와 '시청자층'을 항시 우선
순위로 체크하자.

참여도는 내가 올린 동영상의 총량에서 얼마나 러닝타임이
차지하는지를 쉽게 볼 수 있다. 시청시간과 평균 시청시간의
수가 높아질수록 그만큼 동영상 구성이 좋았다는 방증이다.

시청자층은 소비자분류가 잘 되었는지를 확인할 수 있다. 여
러가지 데이터를 제공하지만 성별, 연령대, 지역별로도 동영상
과 소비자층의 연결점이 의도한 기획대로 진행되었는지 확인
하기 좋다.

다시 '외주는 대안인가'에 대해 돌아오자. 전문가들의 도움과 영상 퀄리티의 획기적인 전환을 위해서는 자신의 기획의도를 외주사가 충분히 이해할 수 있을 정도로 소통이 자연스러워야 한다. 그러므로 초반의 외주는 위험하고, 숙달된 상태에서의 외주제작이 바람직하다.